Editorische Notiz

Die Songtexte werden hier nach bestem Wissen wiedergegeben. Sie sind aber lediglich als eine Version von vielen zu verstehen, da die Spectators Of Suicide wie bei ihrer Musik auch bei ihren Texten permanent zu improvisieren pflegten.

Der Briefwechsel zwischen den Musikern W und D wird hier unverändert wiedergegeben. Tippfehler und sonstige Irrungen wurden bewusst nicht korrigiert, um die Texte in ihrer Einzigartigkeit nicht zu verfälschen.

Der Herausgeber

Estevão Ribeiro do Espinho wurde 1973 in Rathenow geboren. Weil er es von jeher liebt, einsam seinen Blick über weite Landschaften schweifen zu lassen, wollte er immer schon Lokomotivführer werden. Dieser Berufswunsch wurde ab einem gewissen Alter von seinem Umfeld nicht mehr ernstgenommen. Notgedrungen promovierte er zum Dr. phil und veröffentlicht nun Texte.

Estevão Ribeiro do Espinho (Hrsg.)

101,3 Megahertz

Songtexte und Briefe der
Spectators Of Suicide

Die Deutsche Nationalbibliothek verzeichnet diese Publikation in der Deutschen Nationalbibliografie; detaillierte bibliografische Daten sind im Internet abrufbar über www.dnb.de.

Herstellung und Verlag:
BoD – Books on Demand, Norderstedt
ISBN 978-3-7386-5496-7

© Ribeiro do Espinho Fachmedien Berlin 2015
1. Auflage 2015

Das Werk einschließlich aller seiner Teile ist urheberrechtlich geschützt. Jede Verwertung, die nicht ausdrücklich vom Urheberrechtsgesetz zugelassen ist, bedarf der vorherigen Zustimmung des Rechteinhabers. Das gilt insbesondere für Vervielfältigungen, Bearbeitungen, Übersetzungen, Mikroverfilmungen, das kommerzielle oder öffentliche Verlesen, das malermäßige Aufbringen oder das Projizieren des Textes auf öffentlich zugängliche Flächen (gilt nicht für Bohrinseln und Strafanstalten) und die Einspeicherung und Verarbeitung in elektronischen Systemen.
Die Wiedergabe von Gebrauchsnamen, Handelsnamen, Warenbezeichnungen usw. in diesem Werk berechtigt auch ohne besondere Kennzeichnung nicht zu der Annahme, dass solche Namen im Sinne der Warenzeichen- und Markenschutz-Gesetzgebung als frei zu betrachten wären und daher von jedermann benutzt werden dürften.
Gedruckt auf säurefreiem und chlorfrei gebleichtem Papier.

Songtexte

**Ruhm und Ehre bis zum Sieg der Vernunft,
Genosse Johannes Finsch**
(1985)

Ein Leben für die Freiheit
gegen Furcht, Dunkelheit und Wirrnis
Genosse Johannes Finsch erhebt die Faust,
den Sieg der Vernunft zu beschwören.

In der ersten Reihe siehst du ihn
im Marsch gegen die Junkerbanden,
der Flinte in den Lauf geschaut,
sein Wort bringt die Gegner ins wanken:

"Kameraden, auf ans revolutionäre Licht
lasst uns das Leben zur Helle zurücktragen,
den Bonner Anschlussverbrechern ans Leder,
den Monopolprofit zu begraben!"

Das sind die Worte des Johannes Finsch
er spricht sie mit Glanz in den Augen,
die Schärfe seiner Sprache reißt alle mit,
zur Sonne wollen wir nun schauen.

Doch das Moos des Leidens wächst zu dicht, um es zu jäten,
vereinsamte Kämpfer der Freiheit,
die Propagandawaffe des Klassenkampfs
zeigt kaum Wirkung auf die Allgemeinheit.

Parlamentarische Schwatzbuden
Bevölkerung mit Blindheit schlagen,
doch die Zeit bringt die Wahrheit zurück ans Licht,
wir werden die Profithaie begraben.

Dieser Friede ist nur Mittel zum nächsten Krieg,
unsere Kraft kommt aus unseren Herzen,
die schlagen links, was immer auch geschieht,
immer bereit zu gehen durch Pein und Schmerzen.

Die Menschen unserer geistverarmten Zeit,
sie werden die Augen wieder öffnen,
den Kriegstreibern den Krieg erklärt,
wir schlagen unsere Gegner in Ketten.

Die rote Fahne fest in der Hand
so marschiert er in der ersten Reihe
mit festem Schritt Genosse Johannes Finsch,
gemeinsam sind wir stark an seiner Seite.

Im Jahre 1917 haben's die Romanows erfahren,
von Lenin hat er oft berichtet,
unser Winterpalais heißt heute Reichstag,
wir sind der Geschichte verpflichtet.

Die Faust erhoben mit Mut zum Ziel,
wir werden den Sieg erringen,
auf unserer Seite steht Genosse Finsch,
nun lasst uns die Revolution erzwingen!

Den großen Söhnen des deutschen Volkes, erhebt euer Glas:
Marx, Engels, Finsch!
Den größten Söhnen unserer Welt, erhebt euer Glas:
Marx, Engels, Lenin, Finsch!
Marx, Engels, Lenin, Finsch!
Marx, Engels, Lenin, Finsch!

(Refrain)
Und wenn heut die Paläste nicht brennen
und wenn das Kapital regiert,

wenn wir in Ketten gefesselt stehen
und keiner auf der Straße marschiert,
die rote Fahne auf Halbmast gehisst,
den Sklaventreibern unterworfen,
wacht auf Kameraden, setzt gleich euren Schritt,
wir werden gemeinsam marschieren!
Den Unbeugsamen schließt euch an,
sie sollen zum Vorbild uns dienen,
wie das des Genossen Johannes Finsch,
lasst uns nach seinem Wort nun agieren!

(Epilog)
Верой полна,
стойко боритесь,
кандалы разбитей,
свобода!

Stille Rille
(1986)

(Stille)

Working Class Suicide
oder
Der gute Adolf
(1986)

Zentralfriedhof; in Stein gehauen
Tausende von Namen,
die niemand mehr ausspricht.
Sie sollen uns mahnen, steht da.
Was schulden wir ihnen
und wie viel?
Mahngebühr
Friedhofsgebühr.
Plötzlich ein Bekannter.
Seine kohleverstaubte Lunge gebettet
zu ewiger Ruhe in schwarzer Erde
an einer wenig zentralen Wegesecke
unser Held Adolf Henecke.[1]

---

[1] Die Spectators Of Suicide glaubten nicht daran, dass man aus der Geschichte lernen kann. Trotzdem setzten sie sich in vielen internationalen Gremien unter Zuhilfenahme ihrer Prominenz für einen verpflichtenden Aufdruck des folgenden Warnhinweises auf Lohnsteuerkarten ein: "Arbeit gefährdet Ihre Gesundheit und kann suizidale Tendenzen verstärken."

Sommer
(1987)

Wärme,
gleißendes Licht blendet die Augen,
reizender Staub tritt in die Lungen.

Kurze Hosen und Sandalen,
Ferien und Kugeleis,
erwacht die Welt der Insekten und Würmer.

Das einzig Tröstliche daran
der Tomaten Frische

Ode an die bunten Blätter[2]
(1987)

Ich bin unheimlich müde, schlapp und abgespannt. Entweder ich trinke schon wieder zu wenig oder es ist diese unglaubliche Dunkelheit den ganzen Tag über. Übrigens habe ich vor zwei Tagen bei einem Spaziergang eine wichtige wissenschaftliche Erkenntnis gewonnen. Ich weiß nun, warum sich die Blätter im Herbst bunt färben! Die Natur versucht mit dem Farbenspiel einen Ausgleich zur anhaltenden Dunkelheit zu schaffen. Das Gehirn wird sti-

---

[2] Mit der Ode an die bunten Blätter legten die Spectators Of Suicide ein sehr kompaktes, aber doch ebenso poetisches wie wissenschaftlich inspiriertes Werk vor. Den Auftakt der Abhandlung durchzieht eine melancholische Grundstimmung, die den Leser dieser Tage sofort fesselt, da das beginnende Novemberwetter und die damit einhergehende Eintrübung des Seelenlebens in der Erfahrungswelt eines Jeden von uns seinen Platz haben. Aber schon der Titel des Werkes steht mit seinem freundlichen Grundton dieser Stimmung entgegen und ermutigt uns damit, weiter den Gedanken des Erzählers zu folgen. Er berichtet uns über eine wissenschaftliche Erkenntnis, die Eingang in die Evolutionstheorie finden wird. Ohne die bunten Blätter, die in dieser Zeit von den Bäumen fallen – so behauptet er – wäre die Evolutionsgeschichte der Menschheit bereits vor Äonen zuende gegangen. Der Schlußsatz "Danke, bunte Blätter" rundet das Werk mit nahezu kindlicher Einfachheit und doch in genial doppeldeutiger Weise ab. Er läßt offen, ob sich der Erzähler bei den bunten Blättern für das Überleben der Menschheit bedankt, oder für die wissenschaftliche Erkenntnis, die sie ihm bescherten. Damit wird noch einmal auf die Gespaltenheit seines Verhältnisses zum Novemberwetter hingewiesen, die bereits am Anfang des Werkes zum Ausdruck kam. Der Kreis schließt sich.

muliert, der depressiven Grundstimmung entgegenzuwirken. Das verhindert Massenselbstmorde im Herbst. Den bunten Blättern ist es zu verdanken, daß die Menschheit noch existiert. Sonst wären wir schon vor Jahrtausenden bei der Jagd auf die Mammuts lemminglike mit in den Abgrund gesprungen. Danke, bunte Blätter.

Lob der Bahn
(1987)

Majestätisch – die Einfahrt des Zuges auf meinem
Bahnsteig
eben noch in der Wartehalle
die futuristische Uhr
Zeit versiegt im Ungewissen
jetzt hat sie mich wieder
das Wort erlangt seine Bedeutung zurück
ich dränge mich mit den Massen hinein
gewinne die Schlacht um einen freien Fensterplatz
die Gedanken fallen lassen im Spiel der Natur
das Schwinden, die Wiederkehr der Zivilisation
in Vergessenheit der Menschen die dich umgeben
stählerne Ungetüme über reißende Ströme
der Sinn des Seins
nur der Staub der Scheibe schneidet den Film
ein Schauer
wie Tränen rinnen die Regentropfen vor mir herab
ich spüre die Wärme des Innern jetzt stärker
der Zug hält – die Romantik verfällt
was bleibt, ist ein dröhnender Lautsprecher
Beton und Menschenmassen
ein Flugzeug – wie schön die Welt doch von hier
unten ist
Stahlrohre säumen nun die Fahrt
erscheinen als großes Kunstwerk
und sind doch nur ihrer Zweckmäßigkeit überlassen
ein totes Gleis
wucherndes Gestrüpp
die Zeit nagt unerbittlich
"Wünschen Sie Kaffee, Cola oder Bockwurst?"
nur ein Kopfschütteln

ich stelle mir eine Fahrt ins Ungewisse, Unbegrenzte vor
zerteilendes Licht
Berührung der Nase mit der kühlen Grenze zur Außenwelt
schemenhaft die Umrisse der Natur
das warme Innere erscheint klar
Verwirrung, Grölen
Büchsenbier, Primitivität
Das Leben aus der Perspektive des Strohballen
mir reicht's
ein Blick auf die Uhr
die Zeit an meiner Seite
noch fünf Minuten
ich verlasse das Abteil vorzeitig
und warte auf das Ende der Reise
Ausstieg aus dem Zug
aus dem Leben
wieder zurück am Rande des Seins
mit endlosen Gedanken an die hinter mir liegende Reise

Remain of a star
(1987)

silent fiction in your head
remain of a star
it's coming back
your head seems to be new
if you hear it in a few
hours of pain
of your own device
your fiction has its price

Der Stein
(1988)

zu Wasser, zu Brot
alles im Lot
wir schmeißen mit Kot
gegen ein Boot
und lachen uns tot,
der Geier trabt über den eisigen Vulkan,
die Schlange humpelt nach Pompeii,
die auffallende Brachialmandarine ist gut drauf,
der Arbeitgeber verliert seinen Job.
"Könnt ihr auch einfach mal die Klappe halten?"
Nein!
das grelle Licht durch die Dunkelheit
und der Stein
seit tausenden von Jahren an der gleichen Stelle
unzählige Hunde, die an ihm ihre Duftnote hinter-
ließen
liegt er ausgehöhlt und doch fest
das Licht versiegt
der Stein verschwindet in der Nacht

Manifest Anti-Tod[3]
(1989)

Die unausweichliche Erwartung des eigenen Todes ist die größte und allgegenwärtige Erniedrigung, die der Mensch zu ertragen hat.
Die Religionen versuchen seit Menschengedenken, aus dieser Tatsache Profit zu schlagen und uns den Tod als Übergang in eine neue Existenzform zu verkaufen, den nur sie uns ermöglichen können.
Und wie sehr wollen wir es glauben! Doch wem kann das in unserer technisch-rationalen Zivilisation noch gelingen?
Die unerträgliche Erniedrigung zu kaschieren, versuchen wir, auch den Tod zu rationalisieren. Schließlich gewinne das Leben erst durch ihn einen Sinn, indem er die Zeit begrenze, die uns zur Verfügung steht, und nur das was knapp ist, habe schließlich einen Wert. Fleißig füllen wir Patientenverfügungen aus, um die "wertlos" gewordene Zeit auf dem Sterbebett zu verkürzen.
Im Koma liegend werden wir zu teilnahmslosen Zuschauern unseres in diesen Verfügungen selbstverordneten Suizids.
Die Spectators of Suicide fordern deshalb ein radikales Umdenken im Umgang mit dem Tod.
Sagen wir dieser Erniedrigung endlich offen den Kampf an! Schon bald wird die Bio-Technologie unbegrenztes Leben möglich machen. Die Religionen werden die Ausschöpfung dieser Möglichkeiten bekämpfen, weil sie dadurch sinnlos werden. In ihren Ethik-Kommissionen werden sie uns davor

---

[3] Dieses Manifest wurde - meist als Zugabe - bei den Konzerten der Spectators Of Suicide mit erhobener Faust zu einer industriellen Neuvertonung des Marche funèbre von Frédéric François Chopin vorgetragen.

warnen, "Gott zu spielen". Nützliche Idioten aus allerlei "Bewegungen" werden sich einspannen lassen und vor der Begrenztheit der menschlichen Ressourcen warnen und damit den Mythos von der Notwendigkeit des Todes schönreden helfen. Bereits seit Jahrzehnten lassen sie sich dafür instrumentalisieren; und trotzdem alle ihre Vorhersagen sich als falsch herausstellen, ist ihr Einfluss ungebrochen. Warum wohl?
Wahrscheinlich sind die technischen Möglichkeiten zur Beendigung des Todes sogar bereits vorhanden und werden von den entsprechenden Lobby-Gruppen unter Verschluss gehalten.
Die Spectators of Suicide fordern:....
♦ Brechen wir mit dem Tabu, die Notwendigkeit des Todes anzuzweifeln!
♦ Schluss mit dem erniedrigenden teilnahmslosen Zuschauen beim eigenen Suizid!
♦ Unbegrenztes Leben für alle!
♦ Wiederherstellung der bereits Gestorbenen!
Die letzte dieser Forderungen mag selbst den tapfersten unter den Anti-Tod-Aktivisten als zu kühn erscheinen. Die Spectators of Suicide sind sich sicher: Sie ist unverzichtbar!
Wer sollte entscheiden, dass die Toten tot bleiben, nur weil sie gestorben sind, bevor unsere Anti-Tod-Revolution sich durchgesetzt hat? Nur weil ihnen die Gnade der post-mortalen Geburt nicht zuteil wurde, berechtigt uns das nicht, sie von der Befreiung von der totalitären Erniedrigung durch den Tod auszuschließen. Im Gegenteil müssen wir alles daran setzen, sie zurückzuholen.
Auch dazu wird uns die Bio-Technologie innerhalb kurzer Zeit in die Lage versetzen. Für die kürzlich Verstorbenen sollte dieser Vorgang unproblematisch sei, da sie in ihrem Leben mit der modernen Technik so viele Aufzeichnungen hinterlassen ha-

ben, dass sie mit Hilfe der noch moderneren Technik leicht reproduziert werden können. Aber um vollständige Gerechtigkeit und Würde unter den Menschen herzustellen, müssen wir dies auch für die Toten der vergangenen Jahrhunderte und perspektivisch auch Jahrtausende der Menschheitsgeschichte erreichen.

Wenn wir unbeirrbar an diesem Ziel arbeiten, wird es möglich sein!

Wir werden nicht im Paradies leben, aber wir werden leben!

Tod dem Tod!

Die Nektarine im Pfirsichspelz
(1990)

Niedertracht reifte in ihr.
Aalglatt geworden.
Des Überflusses überdrüssig.
Unreif gepflückt,
im kalten Lastwagen war es dunkel,
den fauligen Odem
des eigenen Verderbens
bereits im Nacken spürend.
Kaum mehr begehrt
wie zuvor.

Kein Vorwurf ist möglich,
wer wollte es wagen?
Zu speien
den ersten Stein.

Sozialarbeiter[4]
(1990)

Du fühlst dich gut, denn du fühlst sozial,
lässt deinen Klienten keine Wahl,
lassen sie sich nicht helfen, hat das Konsequenzen:
Stütze weg, Kinder weg, Bude weg, Bewährung weg.
Das sind eure Konsequenzen, man kann es auch
Erpressung nennen.

(Refrain)
Sozialarbeit ist Polizeiarbeit.
Sozialarbeit ist Polizeiarbeit.

---

[4] Dies war der erste Song der Spectators Of Suicide, zu dem sie ein Video produzierten. Die Videos der Spectators wurden ausschließlich in der Eine-Einstellung-Technik aufgenommen. Die Mitglieder der Band betrachteten diese Technik nicht als ein Dogma, da sie alles dogmatische zutiefst verabscheuen, sondern als eine Kunstform, die den aktuellen "Zeitgeist" konterkarierte und einen Gegenpol zu der Entwicklung setzte, die zu immer schnelleren Schnitten und immer mehr Bildern in Video- und Filmkunst führte, die die Kinder hyperaktiv werden und die Erwachsenen vor Überforderung lethargisch vor sich hinsabbern ließen. Der völligen Überreizung wurde das Konzept der systematischen visuellen Unterreizung entgegengesetzt, die dazu führte, dass das Material zunächst schockierend wirkte, da es den medial geprägten Sehgewohnheiten diametral entgegenstand. Ließ sich der Betrachter aber längere Zeit auf die Videos der Spectators ein, so eröffnete sich ihm eine verlorengeglaubte Erlebenswelt, die die Musik in den Vordergrund treten ließ und ihre Wirkung auf ungeahnte Weise verstärkte.

ACAB
(1990)

ACAB
ACAB
ACAB
ACAB
ACAB
ACAB
ACAB
ACAB
ACAB
ACAB
ACAB
ACAB
ACAB
ACAB
ACAB
ACAB
ACAB
ACAB
ACAB
ACAB
ACAB
ACAB
ACAB
ACAB
Sorry all bastards without uniform.

Liebe
(1990)

Geölt und gesalbt kam sie daher,
ein Duft von Koriander und Myrrhe,
die Sinne betäubend wie Fusel.
Der Rausch hielt an,
er rauschte dahin
wie die Autobahn bei geschlossenem Fenster.

Schmerzhaft verharrte sie,
ließ sich nicht verdrängen,
auch der Fusel tötete den Rausch nicht mehr ab,
der Schlaf ging, die Müdigkeit blieb,
Erschöpfung kam.

In eisiger Stille ging sie dahin.

T
(diverse musikalische Variationen 1991-1993)

Technische Versuchssendung
auf dem Sender der Telekom,
101,3 Megahertz![5]

---

[5] entlehnt aus einer Rundfunkübertragung;
zur Entstehungsgeschichte vgl. Ribeiro do Espinho, Estevão (2008). Spectators Story / Suicide Letters: Geschichte, Geschichten und Gedichte sowie Briefe 1998 bis 1999 der Spectators of Suicide, Band II/4, Dritte, behutsam überarbeitete Neuauflage 2015, S. 8.

A FILM WITHOUT HOPE
(1994)

it is time to get out now
we're on a strange journey, strange trip
trapped by society
we use our imagination to find out
what could be (should be)
it is time to step out now
out of this blood soaked room
leaving red marks on the stairs
get out, step out, get out, step out
indignation confrontation
imagination confrontation
broken promises
your private system
stay on your feet
the doctor is away, far away
do you understand

it's raining money in the street
while sirens are wailing
lost public places
no one around here
the light is fading
where do we go
dead bodies are well marked on our map
the tv in the corner shows the news
where do we go
the door in the middle of the street is finally open
but where do we go
how can they still hide behind fakes
and our pages are empty again
closed eyes, no letters
where do we go
and behind the door

intercepted words on a wall
silence please

do you hear the voice of authority
do you notice the words of insanity
do you look in the mirrors of vanity
do you swim in the blood of atrocity

behind the wall
we stepped into a dream
a film without hope

A DREAM (BEHIND THE WALL OF SLEEP)
(1994)

a walk in the evening sun
such a beautiful view
and all – all our sorrows are gone
peaceful day – we never knew

the troubles so far away
birds run with the sky
will we ever find a way to stay
will we ever arrive

oh yes, we really love it here
green curtain under naked feet
relieving atmosphere
gentle wind blows through the trees

flowers smile while the moon is rising
flowers sleep while the stars are born
flowers weep while the autumn's coming
and flowers die – won't die

voices of emptiness
music from afar
we should walk away
we will walk away

POURING RAIN
(1994)

the raindrops fall deep on her empty face
why is it so heavy, while she falls from grace
and she feels ashamed, she's helpless in the night
and she sleeps all day did not came up to fight
while the devil marks a special frightening way
he goes down in silence doesn't like to stay
and the sleepness nights are empty and she falls
she forgot her name behind the shaking walls
so my friend I'll try to describe the painful scene
something you don't believe never heard about it in any way
so she falls
so she falls

she whispers and her fleeing mind won't change
like a sleep in hell her thoughts are arranged
people walk on by with teardrops on their face
something's happening here the stars are displaced
no one cares, no one calls her desperate blackened mind
and she sleeps all day did not came up to fight
so she falls
so she falls

pouring rain, pouring rain
not at all purifying and she falls and falls again
pouring rain

there was a sign on the wall washed away again
while she sleeps all day her dreams can hear the pain
as the years go by she forgot how to smile
and time will never stop but she will surely die

and as the hope will fade nothing will be the same
the rain should wash away the tears but the teardrops are the rain

pouring rain, pouring rain
those who ignore the violence
she steps out again and again she falls

BLACK SHADOW
(1994)

the evening builds a plan in your head
good music and some drinks wouldn't be bad
the spectators were the right to do that
yes that's true, so you have no reason to be sad

just come on in and don't fear this place
have some fun and drink our special brew
the money is not good for your mind
so you put it on the bar buy black shadow and a
tape too

you have your first drink entering the bar
and the second one before the concert starts
and the eighth at the end of the show
and the thirteenth when the first people go

but just stay in and don't fear this place
have some fun and take our knock-out brew
the money is not good for your mind
so you put it on the bar buy black shadow and
another tape too
you love us and we understand you
our show was great and we crashed our guitar on a
dummy head too
one person changes in two and two in four
and a white mouse is dancing at the corner of the
bar

but who the fucking hell told you, you can vomit at
my shirt

black shadow, black shadow
runs through our veins and in our heads

a carousel runs fast
black shadow, black shadow
runs through our veins and in our minds
and in the end we're all blind
black shadow, black shadow

we drink our black shadow
we drink our black shadow
we drink our black shadow
we drink our black shadow till the very end
we love our black shadow
we love our black shadow
we love our black shadow
we love our black shadow till the very end
.

Briefe 2004 bis 2005

He W,
du wirst es nicht glauben, was ich heute beim Aufräumen alter Papierstapel fand: nämlich – sehr alte Papierstapel!
... aus dem Jahre 1995 vom Studium als ich noch keinen PC hatte.
2 prima Artikel habe ich soeben abgetippt.
Konzertberichte – du warst dabei und bei einem hast du auch mitgeschrieben.
Ich habe sie unverändert gelassen, obwohl es mir in den Fingern zuckte, einige Verbesserungen einzufügen.
wat sachste?
X

Das Auge Gottes – ist blind

Vor einem halben Jahr lernte ich einen 25-jährigen vollkommen blinden Mann auf einem Konzert kennen, der mich sehr beeindruckte. Er sagte, dass er diese Gruppe schon seit Jahren einmal sehen wollte. Im Gespräch erfahren wir dann mehr voneinander. Er war alleine gekommen und sein Wohnort war über 100km entfernt. Er fand, dass meine Heimatstadt Eisenach eine sehr schöne Stadt sei.

Seine Erkenntnisse unterscheiden sich sehr von den unsrigen. Woran messen wir die Schönheit einer Stadt, und woran misst er sie? Was bedeutet für ihn schön? Sicher nicht die alten Gebäude, die künstlich angelegten Parks, die Kirchen und Theatergebäude. Doch wohl eher das Klima, die Luft, die umliegenden Wälder, die Kultur und vor allem die Menschen. Eine längere Überlegung hierzu wäre nicht uninteressant. Was hat er von der Stadt gelernt? Was ist uns allen entgangen, weil wir viel zu stark visuell wahrnehmen und andere Gefühle und Eindrücke vernachlässigen?

Das Sehen ist für uns die wichtigste Sinneswahrnehmung. Nicht auszudenken, wenn uns das Augenlicht verloren ginge. Aber denken wir genauer nach. Was kann man mit dem Sehen begreifen? Für unsere Gefühle, für unseren Gemütszustand ein verschwindend geringer Teil. Was bleibt, ist die Mimik, der Gesichtsausdruck einer Person. Aber selbst das kann man spüren. Ist es nicht besser, das Begreifen in seinem ursprünglichen Sinn zu verwenden? Sind die Eindrücke, die man durch Hören, Spüren, Riechen und sein Gefühl gewinnt, nicht genauso wichtig, wenn nicht sogar wichtiger? Blinde Menschen haben uns sehenden gegenüber einen großen Vorteil, weil sie auf Alles, jede Kleinigkeit, viel genauer und sensibler reagieren.
Doch zurück zum Konzert. An der Garderobe gab der studierte Informatiker zunächst seine Jacke und den Blindenstock ab. Nun wurde es spannend, denn der Turm war rappelvoll. Seinen Ohren folgend begab er sich zügig zur Theke und wurde angepöbelt, wenn er Jemandem zu nahe kam, sprich rempelte. Ich folgte und durfte mir anhören, ich möge auf meinen Kumpel besser aufpassen. Meine Antwort, er wäre alt genug, stieß auf allgemeines Unverständnis. So tranken wir vor Konzertbeginn einige halbe Liter und unterhielten uns angeregt. Er war schon mächtig angetütert, als wir die Wendeltreppe zur Bühne bestiegen. Mittler Weile war auch schon das Personal alarmiert und beschwor mich auf ihn aufzupassen. Wiederum lehnte ich ab, er wäre für sich selbst verantwortlich, aber ich wurde nicht in Ruhe gelassen, bis ich doch noch einwilligte, auf ihn achtzugeben. Das Konzert begann, wir standen mittig, direkt vor der Bühne mit ausreichend Platz. Nach einer Weile fragte er mich, warum nur wir

tanzten und die anderen nicht. Keine Ahnung und keine Ahnung woran er das festmachte, aber er hatte recht. Und wir hatten Spaß. Nach dem Konzert machte er die Bandmitglieder mit der Frage nach der Bedeutung des Bandnamens verlegen. Peinliche Erklärungsversuche und jede Menge geschenkte CDs und Merchandising-Produkte waren die Folge. Wir gingen nach einigen Bieren wieder aus der Backstage und ließen eine völlig verstörte Crew zurück. Weiter ging`s im Unterhaltungsprogramm: Nun wollte er wissen, wie ich aussehe und tastete minuten- (gefühlte Stunden) lang mein Gesicht ab. Er kam zu dem Ergebnis, dass ich ein hübsches Mädchen mit gleichmäßigen Zügen sei. Die übrigen Turm-Gäste beobachteten uns. Ich konnte ahnen, dass sie nun auch mich für total durchgedreht hielten, als ich die Augen schloss um ihn zu ertasten. Irgendwann später wurden wir dann weniger freundlich nach draußen gebeten. Im Zickzack begleitete ich ihn noch einige Meter bis zum Bahnhof. Sicher ist er gut, wenn wohl auch einigermaßen verkatert, wieder nach Hause gekommen. Seinen Stock hat er nicht gebraucht.
A
Rex & Drugs & Rock ´n´ Roll
Der deutsche Schlager als Werbeträger für einen großen Möbelkonzern – auch Rex Gildo schwimmt auf der neuen Nostalgiewelle.
Trotz des ungewöhnlichen Zeitpunkts (12 Uhr mittags) fanden sich mehrere hundert Fans auf einer schlammigen, total verregneten Open-Air-Veranstaltung zusammen, um sich dieses kostenlose Ereignis nicht entgehen zu lassen.
(Kritisch zu betrachten ist der große Anteil an konsumkranken Schnäppchenjägern des Wochenendeinkaufs.)

Es war unverkennbar, dass eine große Zahl von Hallenser Hausfrauen ihren Einkauf auf den Sonnabend Vormittag verlegt haben, um ihr altes ZDF-Hitparaden-Idol einmal live erleben zu dürfen. Uns fiel zunächst das erstaunlich bunt gemischte Publikum auf. Ins Auge stach uns vor allem ein Fanclub, der sich aus Leuten zusammensetzte, die sonst nur in der jungen Hallenser Punk-Szene zu finden sind. Sie erschienen mit selbstangefertigten Aufnähern ("Schlager Fanclub Hossa") und Postern und wurden immer nervöser, desto länger das Vorprogramm anhielt. Für die Bigband wurde es immer schwieriger, als die Ersten schon lautstark nach Rex Gildo auf der Bühne forderten. Die Stimmung erreichte einen ersten Höhepunkt, als er diese betrat. Vor uns stand ein von 25 Jahre Showbusiness gezeichneter Mann. Ein aufgequollenes Gesicht und eine vom Alkohol unsichere, lallende Stimme schockierte vor allem ältere Zuschauer und brachte uns zum Lachen. Nachdem er das Publikum mit eigenen Songs anheizte, zeigte uns Rex, dass seine Wurzeln nicht nur im deutschen Schlager begründet liegen, sondern auch Folk & Blues (Blowing in the wind) und Rock ´n´ Roll (Elvis-Medley, Songs von Buddy Holly) beinhalten. Er zeigte uns nicht nur, dass auch andere Musikstile auf ihn Einfluss nahmen, er unterstützte dies auch durch ein neues Outfit. Der eher brave rote Anzug wurde durch eine ausgeflippte Jeansjacke im 70er-Jahre-Look ersetzt.
Inzwischen wurden die Songpausen immer wieder durch Blumenstrauß überreichende Damen mittleren Alters überbrückt, die sich von seinem alkoholisierten Atem nicht abschrecken ließen und durch ein Küsschen belohnt wurden. Schwierigkeiten mit seiner Umwelt bewies er auch,

als er dem Publikum offen bekundete, dass es schön sei, heute Abend hier in Halle zu sein (es war ca. 13 Uhr).
Der absolute Höhepunkt gestaltete sich durch seinen größten Erfolg "Fiesta Mexicana". Dieses Lied riss die Fans endgültig mit. Die Masse bewies lautstark Textsicherheit. Der Fanclub stürmte die Bühne und ließ sich während des Konzerts Autogramme geben. Viele Verehrerinnen erfreute er mit anzüglichen Sprüchen, wie: "In meiner Garderobe schreibe ich noch besser".
Rex ersparte sich nach seinem vorerst letzten Lied den Weg von der Bühne, um gleich den Zugabeforderungen nachzukommen. Die Zugaben bestanden ausschließlich aus Coverversionen, bei denen der Altmeister erneut seine Vielseitigkeit unter Beweis stellte. Es erklangen Stücke wie "New York, New York" und "Singin´ in the rain". Den krönenden Abschluss jedoch bildete noch einmal ein spezielles Dankeschön an das Hallenser Publikum mit dem großen Meisterwerk von ABBA "Thank you for the music" in einer für unsere Ohren ungewöhnlichen und selten gehörten Fassung: "Danke für die Lieder". So nahm dieser Auftritt sein Ende. Der Beifall hielt noch minutenlang an.
X & X

Hallo!

Es ist mal wieder Zeit fürs Wochenend-E-Mailen. Danke für die netten Bilder von G, er sieht ja recht wohlgenährt aus.

Mathias war ziemlich oft krank, es scheint der erste Immunschutz der Mutter langsam abzubauen, und er muß einen eigenen erzeugen.

Von hier gibt's eigentlich nichts besonderes, wettermäßig kann man's aushalten, nicht zu heiß, und es hat sogar mal geregnet. Urlaub in Gran Canaria ist ja auch nicht übel, fliegt ihr über Neujahr und wollt dem Trubel zu hause entkommen?

Ich habe hier endlich unseren kleinen Garten auf Vordermann gebracht, und den ersten Salat haben wir auch geerntet. Schmeckt aber genauso (schlecht) wie der aus dem Supermarkt. Habe neulich Endiviensalat entdeckt, die Packung für 6 Real, aber da hat C njet gesagt.

Und wie geht's mit der Doktorarbeit voran? Läßt es sich zeitlich einrichten? Ich habe hier auch 2 neue Doktoranden, mal sehen wie das geht. Irgendwie bin ich als Doktor(über)vater nicht gut geeignet.

Na, das war's für heute. Wünsche Euch allen ein erholsames Wochenende

Hallo!
G ist schon ein properes Kerlchen. Allerdings hat er in der letzten Woche etwas von seinen Reserven gezehrt. Er war erkältet und hat wenig gegessen. Ich bin mit ihm zuhause geblieben, dementsprechend wenig habe ich auch für meine Doktorarbeit geschafft. Vor Weihnachten muß ich noch mal etwas zulegen. Ich habe jetzt einen Fragebogen entworfen, den ich aber noch ein wenig auf die intellektuellen Fähigkeiten meiner Untersuchungsobjekte anpassen muß. Die Assistentin von meinem Betreuer meint, ich würde da auf zu hohen intellektuellen Wolken schweben, allerdings hatte ich die Fragen sprachlich schon an unterstes Niveau angepaßt. Aber wahrscheinlich hat sie recht. Wenn man gerade den ganzen Theoriekram gelesen hat, ist es nicht so einfach, das in die Sprache von Berliner Hauptschülern zu verpacken, aber das wird schon.
Hier beginnt jetzt die besinnliche Vorweihnachtszeit und die Berliner besinnen sich tatsächlich auf das, was sie am besten können: schlechte Stimmung verbreiten. Man traut sich schon gar nicht mehr auf die Straße. Zwar haben wir noch gar keine Weihnachtseinkäufe gemacht und ich werde das wohl auch so weit wie möglich vermeiden, aber schon beim unvermeidlichen Lebensmittelkauf ist die angespannte Stimmung bemerkbar. Die Läden werden von Tag zu Tag voller, die Verkäuferinnen von Stunde zu Stunde unfreundlicher und der kollektive Nervenzusammenbruch rückt von Minute zu Minute näher.
Auch deshalb werden wir uns gleich am Ersten Weihnachtstag in den Süden verziehen. Da trifft man die gleichen Leute zwar als Urlauber wieder, aber sie werden in ihren Hotels abgespeist und betrunken gemacht, können ihre alltäglichen Kämpfe

um die Plätze am Pool austragen, während wir uns ein Auto gemietet haben, um die etwas ruhigeren Gegenden zu genießen.
Der Weihnachtsfeier-Marathon hat auch begonnen. V und ich hatten schon ihre Betriebsweihnachtsfeiern bei unseren Hauptarbeitgebern. V war in ein afrikanisches Restaurant geladen und es wurden Umschläge mit Weihnachtsgeld herumgereicht. Das war bei mir leider nicht der Fall, obwohl das Betriebsergebnis in meinem Laden um einiges positiver ausgefallen sein dürfte als in Vs Physiotherapiepraxis. Das arabische Büfett bei unserer Feier war ganz in Ordnung, in Unkosten hat sich der Geschäftsführer dabei wohl auch nicht gestürzt.
V hat bei ihrem Nebenjob auch noch eine Einladung bekommen, hat sich aber irgendwie herausgeredet, auch ich werde das bei den Weihnachtsfeiern von ehemaligen Kollegen, Arbeits- und Stiftungsgruppen so machen, sonst müßte ich den Dezember über jeden zweiten Tag auf einer Weihnachtsfeier verbringen, wobei mir schon das eigentliche Weihnachten genug wäre.
Heute waren meine Eltern mit meinem Bruder hier und G hat schon säckeweise Geschenke bekommen. Wir haben Raclette gemacht, eigentlich wollten sie mit uns auf den Weihnachtsmarkt, aber damit G keinen Rückfall in seine Erkältung bekommt, sind wir lieber zuhause geblieben.
Beste Grüße

In der Tat besteht die Vorweihnachtszeit überwiegend aus einer Aneinanderreihung von willkürlichen Feiern, die alle unter dem Deckmantel Weihnachten veranstaltet werden.
Dazu kommt, daß die näher rückende LAGA von uns allen Opfer, auch in persönlicher Hinsicht, verlangt. Darüber hinaus ist jetzt auch die Zeit gekommen, in der der normale Beschäftigte des öffentlichen Dienstes seinen aufgesparten Resturlaub verbrät, so daß die Anzahl der verfügbaren Mitarbeiter arg reduziert ist. Dies natürlich zum Leidwesen derer, die arbeiten müssen. Wie ich beispielsweise.
Angesichts der Bilder von den Kanaren möchte ich meiner Hoffnung Ausdruck verleihen, daß euch euer Weg dorthin über Weihnachten nicht aus niederen Motiven führt, Stichwort Katastrophentourismus, sondern ihr vom Wunsch nach Erweiterung des kulturellen Horizontes beseelt seid. Das schöne Wetter zu schätzen ist aus meiner Sicht, zumindest als sekundärer Beweggrund, noch akzeptabel.
Wenn ich jetzt nicht ganz daneben liege, seid ihr als auch am 23.12.05 nicht da. Womit mein Interesse an einem Treffen gerade auf knapp über 0 gesunken ist, da ich - sicher grundlos - befürchte, mich in der alleinigen Anwesenheit von T & Co (F ausgenommen) Unwohl zu fühlen.

Hallo!
Ich schicke Euch ein paar Bilder von eurem schönen Besuch am Sonntag. Den leckeren Kürbis habe ich natürlich schon verspeist und habe mich sehr gefreut, daß ich V nichts davon abgeben mußte. An den süß-saueren Geschmack ist sie nicht heranzubekommen.
Nachdem T gesagt hatte, daß er mir schon mal 2 Coldplay-CDs mitgebracht hatte, ist ihr erst bewußt geworden, daß wir schon Material von dieser Band zuhause haben. Sie hört die CDs jetzt laufend auf ihrem Discman im Bett und auf dem Weg zur Arbeit. Aber die Songs von der neuen CD sind da glaube ich noch nicht dabei.
G hat im Kindergarten Nikolaus gefeiert und konnte stolz die Gefüllten Weihnachtsbäume verteilen. Er scheint wieder gut durchzuhalten. Nachts hustet er zwar noch manchmal, aber tagsüber geht es wieder und der Appetit ist auch zurückgekehrt.
Für den 25. haben wir eine Reise nach Gran Canaria gebucht, wir kommen also mit großem Gepäck und fahren dann direkt von Euch aus zum Flughafen. Die Geschenke haben wir ja glücklicherweise schon, da brauchen wir dann nicht mehr viel mitnehmen. V freut sich wirklich schon auf das Robbie-Williams-Konzert. Das war eine gute Idee von Euch.
Ansonsten gibt es noch nicht viel Neues zu berichten. Wir freuen uns auf den Besuch in Rathenow.
Viele liebe Grüße

Hallo!
Tatsächlich fliegen wir sozusagen direkt von Rathenow auf die Kanaren, werden uns also am 25. von meinen Eltern absetzen und uns direkt zum Flughafen begeben. Der Rathenower LAGA-Flughafen scheint noch nicht fertig zu sein, zumindest habe ich im Internet bei der Buchung die entsprechende Auswahlmöglichkeit vermißt. Wir müssen uns deshalb wiederwillig nach Tegel begeben. V muß am 23. noch arbeiten, aber wenn Du für das Treffen am Abend zusagen könntest, würde ich sie überreden, noch an diesem Tag nach Rathenow zu reisen. Anderenfalls hält sich mein Interesse auch in engen Grenzen. Tom ist wenn ich mich recht erinnere ohnehin nicht vor Ort. Davor, mich alleine mit Ratze treffen zu müssen, habe ich nach den ominösen Schilderungen seiner Entwicklung in letzter Zeit etwas Angst bekommen.
Außerdem sollte es ja so eine Art Martens-Gedenkveranstaltung werden, da müßten wir Ratze nicht unbedingt einladen. In diesem Fall sollten wir Försti im Voraus auf die Beschränkung des E-Mail-Verteilers hinweisen. Wen könnte man denn noch anwerben? Mir fällt keiner ein. M findet solche Traditionstreffen immer irgendwie reaktionär. Von den anderen habe ich schon ewig nichts gehört. Vielleicht belassen wir es auch bei der in der Ringklause bewährten Runde. Bei der Lokalitätenwahl bin ich offen, obwohl mir die Ringklause natürlich von der Lage her sehr entgegenkommt, was man für Dich ja nicht behaupten kann. Vielleicht treffen wir uns irgendwo in der Mitte. Ich weiß gar nicht wo Förstis Eltern jetzt wohnen.
Wir hatten uns schon vor den Stürmen für die Kanaren entschieden. Jetzt wo Du es ansprichst, hätte man vielleicht noch eine Minderung des Reisepreises heraushandeln sollen. Wir werden natür-

lich die kulturellen und landschaftlichen Güter Gran Canarias erkunden, dabei hoffen wir auch auf etwas Sonne.
Meine Betriebsweihnachtsfeier habe ich bereits hinter mir, wie immer zu solchen Anlässen wurde ordentlich gebechert. Allen ähnlichen Anlässen (Uni, Ex-Kollegen...) habe ich mich mit an der Wahrheit angelehnten Ausreden entzogen.
Wäre schön, wenn wir uns am 23. sehen

Hallo,

was macht das Leben, das Kind, die Arbeit, der Alltag, die Wochenenden und der Rest? Hoffe gut. Wäre schön, wenn man sich vor Weihnachten nochmals sieht. Wenn ihr Zeit und Lust habt, schaue ich diesen Sonntag oder den Sonntag drauf mit einem Fläschchen Wein bei Euch vorbei. Ich hoffe, daß ihr noch die Zeit dafür findet.

Mein Unterricht dauert noch bis zum 16.12., danach habe ich tatsächlich 3 Wochen frei. Seit drei Wochen habe ich quasi nur noch Sprachunterricht. Montags Englisch und den Rest Lettisch. Die Hälfte aus unserem Kurs hat, seitdem wir mit Lettisch begonnen haben, aufgehört oder glänzt durch Abwesenheit. Tatsächlich ist es nun angebracht, nicht mehr allzu oft zu fehlen, da man sonst sehr schnell den Anschluß verliert. Naja, mir macht es Spaß. Ich wundere mich selbst ein wenig, denn ein Sprachtalent bin ich bestimmt nicht. Aber das Jahr in Rußland hat mich wohl in Bezug auf Sprachen lernen abgehärtet. Auch gibt es entfernte Ähnlichkeiten mit der russischen Sprache, weniger hinsichtlich der Wörter als von der Grammatik her. OK, ich hoffe, euch bald persönlich von meinem Lettisch berichten zu können.

Eloise geht's im Übrigen gut. Allerdings war sie beinahe 2 Wochen mit Bronchitis zuhause, was natürlich für alle Beteiligten einen Mehraufwand bedeutete. Jetzt aber geht sie bereits seit einer Woche wieder in den Kindergarten.

Also, hoffentlich bis Bald
Schönen Gruß

Hallo!
Das es offensichtlich schon zwei griechische Restaurants in Rathenow gibt, ist ja erstaunlich. Hoffentlich können sie sich auch halten. Wir werden dann im Januar für Umsatz sorgen. Vielleicht kommen wir doch schon am 23. nach Rathenow, aber wahrscheinlich spät und ziemlich erschöpft. Uns trifft das gleiche Problem wie Dich, nämlich daß die Kollegen schon in Urlaub gehen und der Vertretungsstreß zum normalen Arbeitsstreß und zum üblichen Vorweihnachtsstreß dazukommen. Außerdem hat G sich Anfang der Woche eine Magen-Darm-Grippe eingefangen, was die Situation nicht gerade erleichtert. Vielleicht müssen wir ihn am Montag nach Rathenow bringen. Deshalb würden wir dann auch schon am Freitag kommen, damit der Trennungsschmerz nicht allzu lange andauert. Mal sehen.
Gestern war C mal wieder hier. Er war unterwegs völlig eingeschneit. Die öffentlichen Verkehrsmittel boykottiert er immer noch und ist deshalb vom Prenzlauer Berg aus hergelaufen. Eine ziemlich Strecke, auch wenn er an der Grenze zum Friedrichshain wohnt. Wir haben unsere üblichen Jever getrunken und uns ein Video von Shadow Project angesehen (mit dem ehemaligen Christian-Death-Sänger, der schon lange tot ist, also posthum in diesem Jahr veröffentlicht). Die Bild- und Tonqualität erforderten echte Leidenschaft für die Band, die wir ja beide aufbringen. Das tun aber glaube ich nicht mehr viele, weshalb es mich wunderte, daß laut C mehrere Exemplare dieser DVD bei Saturn herumstanden. Üblicherweise muß man sich solches Material irgendwo in den USA bestellen. Sehr kultig jedenfalls. V, die um halb neun von der Arbeit kam ist dann auch auf dem Sofa eingeschlafen und als G nach einem Hustenfall heulend auf-

wachte nahm C diese Situation zum Anlaß, sich zu verabschieden.
Er wird wahrscheinlich wie üblich am 24. nachmittags vorbeischauen. Einmal hat er sich dabei so festgesetzt, daß seine Eltern schon anriefen, ob er denn nicht zur Bescherung nachhause kommen wolle.
Wir wünschen Dir schöne Feiertage

Auch die Kanaren haben ihr Puerto Rico. Allerdings leben hier in diesem Ort auf Gran Canaria wenige Puertoricaner und auch kaum andere spanischsprachige Landsmänner. Vielmehr wird dieser Ort von Engländern und von Skandinaviern bevölkert, die hierhin für ein paar Tage vor ihrer Polarnacht in die Sonne fliehen. Puerto Rico liegt in einer einige wenige hundert Meter breiten Schlucht mit steil ansteigenden Felswänden, in die man fast flächendeckend Hotels hineingebaut hat und immer noch baut. Glücklicherweise sind wir nicht hier untergekommen (weniger wegen der Engländer und Skandinavier als aus optischen Gründen).
Zwar ist die Dichte der Hotels in unserem Feriendomizil Maspalomas auch nicht wesentlich geringer, aber hier ist das Land flach und man sieht sie nicht alle auf einmal. Wir sind in einer relativ gemütlichen „Bungalowsiedlung" untergebracht: In Reihe gebaute zweistöckige Ferienhäuschen á 40 Quadratmeter, in einem unregelmäßigen Viereck um den unvermeidlichen Pool gruppiert. Die Wohnungen sind modern eingerichtet, ich bin positiv überrascht, denn bei „Bungalow" denke ich irgendwie immer an Wände aus Sperrholzplatten und Doppelstockbetten. So ist man als Ex-DDRler doch eigentlich ganz leicht glücklich zu machen.
Die Gegend ist so eine Art Ballermann 40+. Das „BoneyM" lockt mit Musik aus den 70ern und 80ern. Die Briefkästen sind wie bei uns geteilt, die eine Hälfte für Ansichtskarten nach Deutschland, die andere für alle restlichen Richtungen. Wir sind 200 Meter vom Strand Playa del Ingles entfernt untergebracht. Im anderen extra für den Hotelbau angelegten Stadtteil „Sonnenland" gibt es Straßen wie die Avenida Neckermann, Avenida Lufthansa, Avenida Jahn Reisen usw., auf Stadtplänen und Hinweisschildern regelmäßig mit lustigen Schreib-

fehlern versehene Namen. Übrigens fast alles Einbahnstraßen hier.
Da unsere Unterkunft von außen kaum zu erkennen, da das Schild zugewachsen ist, fahren wir zunächst einige Male ohne sie zu entdecken dort vorbei und da man in Einbahnstraßen nicht wenden soll, tun wir dies auch nicht und kreisen statt dessen in unregelmäßigen Bahnen um das eigentliche Ziel. Abends gehen wir erst mal nett essen, am nächsten Tag wird der überdimensional Kühlschrank mit Vorräten für zwei Wochen aus einem ebenso überdimensionalen Einkaufszentrum an der Autobahn gefüllt. Für kleinere Einkäufe gibt es hier überall SPAR-Märkte, denen es im Gegensatz zu den deutschen Filialen ganz gut zu gehen scheint.
Am Ausgang des unterirdischen Parkhauses des besagten Einkaufzentrums hat sich ein Stau gebildet. Zumindest auf der rechten Spur. Ich nutze also, wie in der StVO vorgeschrieben und bei Fahrschullehrer Hanse gelernt, den vorhandenen Straßenraum aus und ziehe auf der linken Spur vorbei. Daß die Straßenverkehrsordnung in spanischen Parkhäusern gilt, setze angesichts der Angleichung europäischen Rechts und der Dichte der Einwohner mit deutschem Paß auf dieser alemannischen Inselkolonie voraus. Als sich die zwei Spuren am Ausgang zu einer verengen, bestehe ich auf meinem straßenverkehrsrechtlich verbrieften Recht zum Einfädeln. Offensichtlich ist dieses hier doch noch nicht bekannt und ich muß mich dazwischendrängen, woraufhin ich ein wölfisches Aufheulen und Schreie in einem abgehackten Wortrhythmus hinter mir höre, der sich irgendwie skandinavisch anhört.
Ein Blick in den Rückspiegel entkräftet meinen Verdacht, daß mir jemand in die Seite gefahren sein könnte. Allerdings bietet sich dort ein nur wenig erfreulicherer Anblick: Es echauffiert sich ein dick-

licher Kerl unseren Alters mit kurzgeschorenen blonden Haaren und ungesunder Gesichtsröte. Als ich mich von seinen betont bösen Blicken unbeeindruckt zeige und demonstratives Lachen aufsetze, versucht der Arme mit dem Aufsetzen seiner Hooligan-Sonnenbrille zu punkten. Das wirkt ziemlich lächerlich, da wir die unterirdische Parkgarage noch immer nicht verlassen haben. Trotzdem verriegele ich vorsorglich die Autotüren und hoffe, daß keine Schußwaffe im Spiel ist.
Die Frau des Bluthochdruckpatienten hat ihr Gesicht bereits in den Händen vergraben. So verliere ich die beiden aus den Augen und genauso sehe ich sie später auf der Autobahn wieder, als sie an uns vorbeipreschen, während er wild die Hupe betätigt und uns seinen Mittelfinger entgegenstreckt. Eine halbe Sekunde lang weckt das in mir den Impuls, aufs Gas zu treten und mich wieder vor ihn zu schieben. Aber diese Zeiten sind glücklicherweise vorbei, V erhebt sofort die Stimme der Vernunft als ich das Gaspedal antippe, außerdem wird mir im gleichen Moment bewußt, daß ich mit dem Ein-Liter-Motor in unserem Citroen C3 wohl selbst gegen die zerbeutelte Kutsche des vermutlichen Exil-Skandinaviers nichts ausrichten kann. Wir genießen den Augenblick und begeben uns gemütlich zurück.
Der Strand von Maspalomas zieht sich zu Sahara-artigen Dünen hinauf, die mich immer wieder bei Spaziergängen beeindrucken. Tagsüber fahren wir aber auf der Insel umher, um der ungewohnten Mittagssonne und den Liegestuhl-Touristen zu entgehen. Man kann hier eine Liege für 2,50 Euro mieten, dazu einen Sonnenschirm für noch mal 2,50 Euro. Erstaunlicherweise kostet die Kombination aus einer Liege und einem Schirm 5 Euro und die aus zwei Liegen und einem Schirm 7,50 Euro,

so ist es mit lustigen Piktogrammen auf vielen Schildern an der Strandpromenade ausgewiesen. Die Aussage, daß man hier keine Rabatte bekommt und schon gar nichts umsonst, kommt so sehr deutlich herüber. Wir bleiben auf den Beinen und legen uns höchstens mal kurz am Hotelpool auf die Liege, während G im Wasser planscht.
Hier sind genügend Liegen vorhanden und der mit Handtüchern geführte Reservierungskampf hält sich in Grenzen. Allerdings weist der Vermieter in seinem Aushang vorsorglich darauf hin, daß keine Reservierungen von Liegen über die Rezeption möglich sind. Auch diese Unterkunft ist vorrangig von Deutschen besetzt, aber es gibt auch Skandinavier und Osteuropäer. Engländer allerdings nicht, hier scheinen die Reiseunternehmen eine strenge Trennung vorzunehmen, wahrscheinlich aus Angst vor interkulturellen Unruhen. Diese Gefahr dürfte zwar angesichts der gehobenen Altersklasse geringer sein als am Ballermann, allerdings deutet die Aufmachung der hiesigen Touristen (Frauen: blondgefärbt, von der Sonne zu dunkelbraunem Leder gegerbte Haut; Männer: gern breite Goldketten, schwarze Siegelringe, auch keine Angst vor Hautkrebs) doch auf ein gewisses Aggressionspotential hin.
Außer der Begegnung im Parkhaus haben wir aber keine Probleme. Wir besuchen mehrfach Las Palmas, schlendern durch die quirlige Einkaufspromenade, wo wir unsere Weihnachtsgeschenke kaufen und erholen uns davon in der gemütlichen Altstadt mit ihren Plätzen und Barockbauten. Beim letzten Mal wagen wir uns etwas weiter vor, steigen eine lange Treppe hinauf, die zunehmend schmuddeliger wird. Wir landen in einem ärmlichen Gebiet, das schon ein bißchen an die brasilianischen Favelas erinnert. An den Straßenecken hängen schon

mittags zugedröhnte Jugendliche herum, die uns mißtrauisch beäugen, zumindest hoffen wir, daß es Mißtrauen ist und keine Begierde nach dem Inhalt unserer Taschen. Wir beschleunigen jedenfalls unsere Schritte und sind froh, wieder in eine belebtere Gegend zu kommen.
Auch hier gibt es also düstere Ecken, auch wenn die Insel durch den Tourismus und ihren Status als Freihandelszone wahrscheinlich unglaublich Einnahmen hat. Das merkt man auch daran, daß die Straßen besser sind als in Berlin, neue Autobahnen gebaut werden, die beleuchtet sind und an deren Rändern im kargen Süden Palmen, Büsche und Kakteen angepflanzt werden, die man über kilometerlange Schläuche mit Düsen permanent bewässert. Das Wasser hierzu kommt aus einer riesigen Meerwasserentsalzungsanlage in Arinaga, die zunehmend mit Wind- und Solarstrom betrieben wird, Energien, die hier reichlich vorhanden sind. Vielleicht sollten sie neben der Straßenrandbewässerung auch etwas mehr in Sozialarbeit investieren, ich werde da mal ein Projekt entwerfen, die EU finanziert so was ja gerne.
Diese Probleme nehmen wir aber nur am Rande war und genießen statt dessen unseren Urlaub. Leckeren Fisch kann man hier essen. Unser Reiseführer empfiehlt dafür ein Restaurant in Castello de Romeral. Wir schauen allerdings erst hinein, als wir meinen, alles interessante auf der Insel entdeckt zu haben und im Großen und Ganzen stimmt das auch. Ein paar Restaurants haben wir durchprobiert, auch mal ein Kilo Krabben für 10 Euro gekauft, aus denen V ein leckeres Süppchen bereitete und einen Teil in die Pfanne warf. Natürlich gingen wir sehr skeptisch in dieses empfohlene Restaurant, denn bekanntlich werden die ja immer von Touristen überschwemmt, wenn sie im Reiseführer

stehen und senken spätestens dann ihre Qualität, wenn sie sich die positive Erwähnung nicht schon zuvor beim Autor erkauft hatten.

Wir rechneten also mit einem von Deutschen besetzten Lokal mit mäßigen Essen. Die Geräuschkulisse ließ uns schon von weitem bemerken, daß das Restaurant entgegen unseren Erwartungen mit Einheimischen gefüllt war. Die Deutschen gehen eben doch lieber in das Strandrestaurant, wo sie Schnitzel, Würste und andere Schweinefleischspezialitäten erwerben und deutsches Bier und deutschen Kaffe trinken können (Letzterer wird hier extra so beworben, denn wenn man sonst einen Kaffee bestellt, hat der hier nur die Größe eines Espresso.).

Wie jetzt schon zu vermuten war, waren auch die Preise hier niedriger und das Essen billiger als in den vorher von uns entdeckten Restaurants. Manchmal sollte man sich den Reiseführer vielleicht doch ansehen, bevor man den entsprechenden Ort besucht, aber das nimmt auch immer etwas von der Spannung.

Liebe Freunde,
danke für die netten Neujahrsgrüße, und den lustigen Reisebericht. Wenn man nach Brasilien fliegt, dann überquert man immer die kanarischen Inseln und sieht den großen Vulkan (Tejo heißt der wohl) von oben. Ich glaube, es ist das Beste im Schmuddelwetter aus Berlin bzw. D-Land zu verschwinden.
Mein Sohn Carsten war mit seinem Roommate 2 Wochen hier. Wir sind viel herumgefahren, und waren mit dem Bus (Silvesternacht, 14 Std. Fahrzeit) in Salvador. Er hat dort beim Tanzen eine hübsche und ziemlich schwarze Bahiana kennengelernt, und ist jetzt heftig verknallt. Er hatte Ihr dann sogar einen Flug nach Recife bezahlt, und wir haben alle gemeinsam die Strände südlich von Joao Pessoa abgeklappert. Am Ende sind wir auf der Insel Itamaraca gelandet. Das ist ziemlich nett dort. Man kann mit dem Boot aufs offene Meer herausfahren und auf dem Riff schnorcheln. Gab's leider keine größeren Fische zu sehen, aber das war trotzdem schon ein Erlebnis für Flachlandeuropäer. Wenn Ihr mal herkommt, dann fahren wir auch dahin. Es gibt dort eine interessante Rettungs- bzw. Erholungsstation für diese ziemlich häßlichen Meeressäuger namens peixe-boi. Ich weiß gar nicht, wie die auf deutsch heißen. Viel Interesse an Besuchern haben die nicht gerade, sondern liegen träge im Wasser der swimming pools dort herum. Und jetzt müssen wir uns noch ein paar Tage von diesem Reisestreß erholen.
Ja, das war's für heute.
Macht's gut, alle miteinander

Hallo!
Wir sind wirklich froh, dem Schmuddelwetter hier entflohen zu sein. Seit wir zurück sind, ist es eigentlich ganz o.k., zwar kalt aber trocken. Wir haben dort zwar nicht am Strand rumgelegen, sondern meist etwas unternommen, trotzdem war es Erholsam und Reisestreß gab es selten, der Hin- und Rückflug mal ausgenommen, das ist mit Kind natürlich immer eine kleine Hürde. Für mich ist Fliegen wegen der Eingeklemmtheit der Beine sowieso immer eine Tortur. Früher habe ich mir am Check-In immer einen Platz am Notausgang geben lassen, da ist der Sitzabstand etwas größer. Aber da dürfen Kinder nicht sitzen und die ebenfalls etwas großzügigeren Platze in der ersten Sitzreihe werden an Familien mit Kindern unter 2 Jahren vergeben.
Gestern war C hier, sie haben mit ihrer Radiosendung einen Preis gewonnen. Außerdem hatte er am Montag Geburtstag und wir haben etwas nachgefeiert. Ich hatte ihm „Picknick am Wegesrand", einen russischen Sciencefiction- Roman geschenkt, nachdem einer von seinen Lieblingsfilmen gedreht wurde. Was macht die Windelfront bei M? Hier sind auf dem Töpfchen nur Zufallsergebnisse zu beobachten. Ins neue Jahr hat G gemütlich hineingeschlafen und sich auch von der Knallerei der spanischen Jugendlichen nicht wecken lassen, die in unserer Nähe eine Disco besuchten, während die Gegend sonst eher von älteren Deutschen geprägt war, die es wohl nicht mehr so mit den Feuerwerkskörpern hatten. Am Neujahrsmittag sah ich immer noch Jungs und Mädels aus dieser Disco herauskommen, sie sahen etwas mitgenommen aus und rochen auch nicht gut, hatten aber offensichtlich vor, nur etwas Luft zu schnappen und dann wieder hineinzugehen.
Beste Grüße

Ola,
Como é bonita Las Palmas! E o G deve ter brincado muito na areia.
E que diferença vocês viram, em relação ao Nordeste: as praias, o povo. É muito caro, o turismo en Las Balneares?
E o G, curtiu o mar (é quente a água)?
Vocês já chegaram em Berlim?
D, ich habe eine Bitte an Dich
Você poderia ligar ao B e dizer a ele que estou tentando escrevendo sobre a história do PT e gostaria de saber o „estado da arte" sobre o stalinismo.
Há um consenso, ou uma posição mais consolidada, sobre o que significou o stalinismo na União Soviética, na Alemanha e no mundo?
Qual a(s) teoria(s) mais aceitas? Como poderia pesquisar isso, com certa rapidez?
Há alguma obra (não tão longa) que faça uma leitura das diversas posições e das teorias mais fundamentas?
Abraços,

Hallo,
vielen Dank für Deinen doch recht ausführlichen Beitrag zum Thema Reisefreuden mit anderen genießen. Offensichtlich herrschen auf den Kanaren ähnliche Bedingungen, mal abgesehen von der vorherrschenden Altersstruktur der Touristen, wie in anderen südlichen Hochburgen des Pauschaltourismus. Wobei ich die von dir erwähnte strikte Trennung zwischen den einzelnen Kulturen auch schon kennen und lieben gelernt habe. Offensichtlich haben sich einige Zweige der europäischen Bevölkerung, trotz gleicher Wurzeln, dermaßen weit von einander entfernt, daß inzwischen eine völlige Inkompatibilität eingetreten ist. Zur Vermeidung eines (ich will das nicht zu hoch hängen aber trotzdem) Clash of Civilisations macht sich die strikte Trennung erforderlich. Aus eigener Erfahrung kann ich sagen, daß Deutsche und Holländer (wenn nicht irgendwelche jugendlichen Scharfmacher dabei sind) und auch Skandinavier durchaus zu einander passen und nicht sofort über sich herfallen. Von der gegenseitigen Lästerei in der jeweiligen Landessprache ist man ja nicht unbedingt betroffen. Engländer geht gar nicht und Russen sind auf lange Sicht der Tod des Pauschaltourismus. Wir hatten auch schon mit Finnen zu tun, die zwar auch irgendwie Skandinavier sind, aber ja eigentlich geschichtlich gesehen nicht unserem Kulturkreis zu zuordnen sind und haben damit auch gute Erfahrungen gesammelt, weil die eigentlich ganz nett waren.
Eine gewisse Allergie habe ich auch gegen eine Vielzahl deutscher Mitreisender entwickelt. Oftmals führt das "normale" Auftreten unserer Landsleute zu einem gewissen Unwohlsein und eigenartigen Beklemmungen. Gottlob sind die Leute in den Ur-

laubsgebieten entsprechend abgehärtet oder haben damit leben gelernt.
Ansonsten denke ich, daß es eine super Zeit zum Verreisen war. Das ewige Schmuddelwetter hier um Weihnachten nervt. Ein wenig Sonne kann da sicherlich nicht schaden. Mir bleibt so was leider verwehrt, da meine Kolleginnen zu dieser Zeit immer wieder ein beliebtes Totschlagargument aus der Tasche holen. Dieses nennt sich Schließzeit, bezieht sich auf die KITA und ist garantiert eine deutsche Erfindung. So werden wir erst im Mai in den Urlaub fliegen. Diesmal studieren wir, zusammen mit Andrew und Frau, den Ausgangpunkt der Vogelgrippenpandemie in Europa. Wir fliegen also in die Türkei. Übrigens ein Hotel mit Deutschen, Höllandern und Finnen...

Hallo!
Es war wirklich schön auf den Balearen. G war kaum aus dem Wasser herauszubekommen. Es war immer um die 19 Grad warm. Für Brasilianer ist das wohl normalerweise zu kalt zum Baden, aber wenn man aus dem Berliner Winter kommt, ist es herrlich. Auf den Balearen waren die Preise in etwa so hoch wie in Berlin, die Reise an sich war relativ billig. Drei Wochen mit Hotel, Verpflegung und Flug kosten weniger als nur der Flug nach Brasilien. G hat viele Fortschritte gemacht, er spricht jetzt schon viel, wenn es auch manchmal noch schwer zu verstehen ist, und gestern hat er sich zum ersten Mal selbst angezogen. Das hat zwar lange gedauert und der Pullover war falsch herum, aber das macht einen als Papa doch glücklich, so etwas zu sehen.
B habe ich noch nicht erreicht, werde aber noch mit ihm sprechen. Ich habe bei ihm einiges zum Stalinismus studiert. Besonders die frühen marxistischen Kritiker Trotzki („Stalins Verbrechen", „Die verratene Revolution") und Kautsky („Terrorismus und Kommunismus"). Als neuere Theorien kenne ich nur die Totalitarismustheorien von Arendt und Neumann, die auch die Rolle des Terrors und der Unterdrückung im politischen System von Stalinismus und Faschismus betonen. In der SU wütete dieser Terror besonders in den 30er Jahren bei den politischen Säuberungen. Aber auch danach in den Gulags, den Arbeitslagern die der Schriftsteller Solschenizyn in seinem „Archipel Gulag" Beschreibt. In der DDR gab es demnach nur eine sanfte Form des Stalinismus. Chruschtschow schloß 1956 in seiner Geheimrede vor der KPdSU mit dem Stalinismus ab, in der DDR dauerte es noch etwas länger, bis Ulbricht sich der neuen Linie fügen und schließlich gehen mußte. Trotzki-Texte findest Du im Internet,

auch Chruschtschows Rede. Zu den Totalitarismustheorien gibt es im Internet sicher gute Sekundärtexte, aber wahrscheinlich noch viel mehr Müll, da sie umstritten sind und in solchen Fällen allerlei Moralwächter verschiedenster Richtungen glauben ihre Pamphlete veröffentlichen zu müssen.
Ich frage B in jedem Fall, ob er noch etwas neueres kennt. Wenn Du willst kann ich auch im Internet etwas vorrecherchieren und Dir die entsprechenden Adressen schicken.
Viele Grüße

Hallo!
Ich muß zugeben, daß meine Schilderung der Urlauberstereotypen Gran Canarias von oberflächlichen Beobachtungen lebt, nähere Kontakte haben wir nicht geknüpft. Unsere Nachbarn in der „Bungalowsiedlung" entsprachen auch nicht dem von mir überlieferten Bild. Sie kamen zwei Tage nach uns an. Der Mann setzte sich als erstes auf die Terrasse und ich hörte ihn dort auf einen Vorschlag seiner Frau hin sagen: „Ach ich muß mich erst mal akklimatisieren." Die nächsten knappen zwei Wochen sah ich ihn jedesmal wenn wir vorbeikamen beim Akklimatisieren, wobei er sich ständig ein Reclamheftchen mit dem „Parzival" vors Gesicht hielt. Entweder ist die Ausgabe in mehreren Bänden verlegt oder er hat das mittelhochdeutsche (?) Original gelesen oder in Vorbereitung auf eine Theaterrolle den Text auswendig gelernt. Vielleicht wollte er sich damit aber auch nur gegen vorbeilaufende Nachbarn abgrenzen, wozu aber aus meiner Sicht ein etwas großformatigeres Buch geeigneter gewesen wäre, bspw. ein Bildband mit altägyptischer Malerei.
Gestern war mein Bruder hier, er kam von einem Treffen der Landessportjugend, dem er als Rathenower Tennis-Jugendwart beiwohnte. Außerdem ist er jetzt „Nordic-Walking-Trainer" in Premnitz. Er brachte mir unter anderem Zeitungsausschnitte mit, die über Deinen neuen Job berichteten. Nicht ganz verstanden habe ich bei der dortigen Diskussion, warum man als Bauamtsleiter in einem früheren Leben mal Maurer gewesen sein sollte. Ich dachte, es geht da eher um Genehmigungsverfahren, also Gesetzesverständnis und natürlich um Führungsqualitäten, an deren Vorhandensein bei Dir ich nicht im Geringsten zweifele. Aber vielleicht habe ich auch falsche Vorstellungen vom Funktio-

nieren öffentlicher Verwaltung. Ich wünsche Dir jedenfalls viel Glück dabei.
Unsere Urlaubsplanung wir auch vom Phänomen „KITA-Schließzeit" diktiert, nur in die andere Richtung. Wir planen deshalb, im August nach Brasilien zu reisen. Zwischendurch werden wir sicher noch ein paar kleinere Ausflüge machen. Ostern und Himmelfahrt bieten sich für so etwas ja immer an. Und nach Rathenow kommen wir demnächst bestimmt auch wieder, vielleicht klappt es ja dann mit den Treffen beim Griechen am Waldschloß. Mein Papa behauptet übrigens immer noch, es gäbe zwei griechische Gaststätten in Rathenow. Vielleicht ist er aber nur nicht mehr an der Stelle vorbeigekommen, wo Dein Freund ausgezogen ist, um sich am Waldschloß niederzulassen. Allerdings behauptet mein Papa auch, daß bezüglich des Essens erhebliche Qualitätsunterschiede zwischen beiden beständen, was gegen die Nicht-Wahrgenommener-Umzug-These spricht, oder aber gegen die Qualitäten meines Papas als Restaurantkritiker.
Beste Grüße

Hallo!
Ich habe gerade mit B gesprochen. Er konnte mir spontan auch nur die Klassiker der Stalinismustheorie nennen: Trotzki aus marxistischer Sicht, Arendt aus Totalitarismustheorie heraus, Solschenizyn aus dem Erleben des GULAG heraus.
Außerdem erzählte er mir von einem Text von Gerd Koenen, der die Rolle des stalinistischen Terrors als Produktivkraft betont. Die Entwicklung des Kommunismus in der SU wurde demnach wesentlich durch den Terror finanziert. Einerseits arbeiteten Millionen von Zwangsarbeitern in den Stahlwerken, Kohlegruben und bei der Erschließung Sibiriens. Andererseits wurden die Bauern enteignet und ihr Eigentum in den Staatshaushalt überführt. Anschließend wurden die Ländereien zwangskollektiviert und die Erträge der Landwirtschaft weitgehend verstaatlicht. Das Buch betont offensichtlich also stark die ökonomische Funktion des Terrors.
Zur politischen Funktion des stalinistischen Terrors und seines „Hofstaates" gibt es wohl neuere Forschungen, die B aber spontan nicht konkret benennen konnte. Trotzki ist auf dieser Ebene der Klassiker, der bei der deutschen Linken immer noch aktuell ist, neuere Forschungen werden dort wenig rezipiert.
Außerdem hat B auf die literarische Verarbeitung des Themas bei George Orwell in seinen Romanen „1984" und „Animal Farm" hingewiesen. In „1984" schildert er einen Überwachungsstaat, der Geschichte ständig neu schreibt, um den neuen politischen Doktrinen zu entsprechen, wie es unter Stalin auch geschehen ist. In „Animal Farm" wird satirisch die Ausbildung neuer Machtstrukturen nach der Revolution geschildert. Diese Bücher müßte es auch in portugiesischer Übersetzung geben, vielleicht auch Solschenizyn.

B will sich jedenfalls nach neueren Theorien umsehen und meldet sich dann bei mir oder Dir.
Wie wir überlegt B, im Sommer nach Brasilien zu fliegen. Dann wird er Dich sicher besuchen, wie wir natürlich auch. Wahrscheinlich kommen wir im August.
Viele liebe Grüße

Hallo,
an dieser Stelle muß ich deinen Vater in Schutz nehmen und einen eigenen Fehler eingestehen. Es gibt tatsächlich noch einen Griechen in Rathenow. Dieser betreibt seine Taverne in der ehemaligen Salmonellenschenke in der Bahnhofstraße. Die Unterschiede zwischen Apostoli und seiner Konkurrenz sind aber zu vernachlässigen, da es sich bei dem Original-Griechen aus der Bahnhofstraße um den ehemaligen Koch von Apostoli handelt. Ob seiner durchdachten Zukunftsplanung lief er eines Tages, es war der 13.Dezember um 21.20 Uhr, aus Apostolis Taverne und ward nicht wieder gesehen. Ich kann mich genau erinnern, da wir zu diesem Zeitpunkt Weihnachtsfeier hatten und auf unserer Essen warteten. Deshalb wunderte ich mich schon, als der Koch, seinen Kittel demonstrativ auf die Erde werfend, an mir vorbei ins Freie rannte. Dem Essen hat es nicht sonderlich geschadet, da die für Deutschland vorgesehenen griechischen Gerichte sich eher durch große Fleischberge als durch besondere Raffinesse auszeichnen. So what...
Sich hinter Parzival zu vergraben, um von den übrigen Urlaubern zu entgehen, macht eigentlich keinen Sinn und das auch noch in doppelter Hinsicht. Sollte dies die Absicht gewesen sein, so kann ich dir nur beipflichten, daß ein Bildband über ägyptische Grabgemälde im Maßstab 1:1 die bessere Wahl gewesen wäre. Sollte es sich allerdings um ein Fall von Eitelkeit handeln, "schaut mal was ich in meinem Urlaub lese", so dürfte der Zweck auch kaum zu erreichen sein, da zu befürchten steht, daß der gemeine Plebs Parzival keinem Inhalt zuordnen kann. (Sag mal Traudchen, hieß nicht der 7. Kandidat bei der 8. Mottoshow, der wo früh ausgeschieden, nicht auch Parzival. Ja Erwin. Zu dem tut doch der Bohlen so gemein gewesen sein. Und

jetzt schon die Biographie auf dem Markt. Die schlachten das aber auch aus.) Sollte der Inhalt zumindest vom Ansatz her bekannt sein, so führt das wohl auch nicht dazu, daß der Lesende angehimmelt wird. Aber vielleicht ist es auch alles ganz andern und derjenige hat einfach nur Interesse an dem Stoff und ist gleichzeitig leseschwach.
Für die besten Wünsche zu meinem neuen Job bedanke mich artig und verweise darauf, daß mich an meinen Taten messen lassen will. Das bedeutet, daß sich die Stadtverordnetenversammlung nicht richtig einigen konnte und dementsprechend mich erst mal für ein Jahr bestellt hat. Dann gibt es eine neue Entscheidung. Hinsichtlich der Fachmann-Debatte kann ich nur darauf verweisen, daß dies sicher ein zulässiger Ansatz ist. Allerdings sind wir über den generellen Ansatz Fachmann nicht hinausgekommen. Nachdem jemand fragte, was für ein Fachmann, gab es plötzlich mehr Meinungen als Leute im Raum. Nach zwei Stunden Diskussion einigte man sich auf verschiedene Prototypen. So kamen Bauingenieur, Architekt und Stadtplaner in die engere Wahl. Nach einer weiteren Stunde hat dann jemand Architekt und Planer zu Planungsarchitekt vereinigt. Da waren aber schon alle so ermüdet, daß man aus Zeitgründen erst mal mich genommen hat. Mal schauen.
Bis dann
PS Schreib mal rechtzeitig wegen Essen gehen. Ich habe irgendwie viel mehr Termine als früher...

Hallo!
Ich weiß noch nicht genau, wann wir nach Rathenow kommen, aber vielleicht schon sehr bald. G war eine Woche krank und ich war mit ihm zuhause. Trotz selbstverständlich hervorragender Pflege hat er sich noch nicht ganz erholt, bzw. im Kindergarten gleich wieder neue Viren eingefangen, so daß wir vielleicht am Wochenende doch lieber zuhause bleiben, damit er sich noch ein bißchen erholen kann.
In einem Jahr sind also wieder spannende Diskussionen in der Rathenower Stadtverordnetenversammlung zu erwarten. Halt mich auf dem laufenden. Man hätte vielleicht auch gucken können, wie andere Städte den Posten des Bauamtsleiters so besetzen. Sinnvoll wäre dabei sicher eine Studienfahrt eines diesbezüglich gegründeten Ausschusses oder Qualitätszirkels.
Ich habe am Wochenende ein Seminar für die GEW gemacht und dabei das Zeitmanagement der Anwesenden (angehenden) Lehrer trainiert. Das war ganz spaßig. Wir tagten im „Hotel am See" in Zechlinerhütte, dem ehemaligen FDGB-Ferienheim, daß aber nach der Wende gründlich saniert und – wenn auch nicht geschmackvoll – so doch zumindest neu eingerichtet. Der Zug nach Rheinsberg fuhr von Lichtenberg, draußen waren noch minus zehn Grad, weshalb mir der Zug beim Einsteigen zunächst angenehm warm vorkam. Er hatte natürlich Verspätung, obwohl er in Lichtenberg eingesetzt wurde und ich war schon einigermaßen durchgefroren.
Angesichts der zunächst im Zug gefühlten Wärme zog ich meine Jacke aus und setzte mich gemütlich hin. Nach einer Viertelstunde zog ich meine Jacke wieder an, weil die Innentemperatur offensichtlich doch nur um die zehn Grad erreichte. Die Schaffnerin kam durch und bot Kaffee an, ich vermute, die

Temperatur war deshalb so heruntergeregelt, um den diesbezüglichen Umsatz etwas anzukurbeln. Angesichts dieser offensichtlichen perfiden Umsatzstrategie lehnte ich das Gesöff ab, auch weil am Zugklo ein Zettel mit der Aufschrift „Eingefroren" hing und es bis zur Ankunft noch zwei Stunden dauern sollte. Mit Druck in der Blase zu frösteln muß ja nicht sein. Ansonsten war die Fahrt sehr idyllisch: Die Sonne ging orange leuchtend auf und ließ die Eiskristalle auf dem Boden und an Gewächsen einrucksvoll glitzern, Rudel von Rehen flüchteten auf den Äckern vor dem an den unzähligen unbeschrankten Bahnübergangen unentwegt hupenden Zug, auch vereinzelte Füchse gingen ihres Weges.

Von Rheinsberg wollte ich mir ein Taxi nehmen und es stand sogar eines da, das aber von einem älteren Herren vorbestellt war. Ich bat den Fahrer, einen Kollegen für mich zu rufen, worauf der ältere Herr mir anbot, mitzufahren, da er zufällig auch zum Hotel am See müsse. Die Fahrt zog sich etwas hin, weil der andere Fahrgast noch zum Blumenladen mußte, wo er offensichtlich einen kleinen Plausch hielt, während ich mich mit dem Taxifahrer über Flecken-Zechlin austauschte, wo ich als Kind einen FDGB-Urlaub mit meiner Eltern verbrachte. Wir wohnten allerdings seinerzeit nicht in dem dortigen FDGB-Heim, sonder in einer von dieser Organisation angemieteten Privatunterkunft in einer behelfsmäßig ausgebauten Dachkammer.

Nachdem wir noch zweimal angehalten hatten, damit der ältere Herr seine Blumen wieder loswerden und an einem anderen Haus eine Plastiktüte abgeben konnte, kamen wir auch irgendwann an der – wie der Name schon vermuten ließ - direkt am See gelegenen Seminarstätte an. Da konnte man natürlich prima umherwandern, wenn man in der Sonne

über den See schlenderte, war es wärmer als im Zug der Deutschen Bahn AG. Auch leckeren Fisch konnte man hier speisen, der einem von Jugendlichen eines Ausbildungsprojektes etwas tapsig und unsicher serviert wurde.
Auf der Rückfahrt war der Zug dann auch großzügig geheizt, nur hatte ich den Fehler gemacht, mir von der Strecke der Hinfahrt ausgehend eine Fahrkarte über Oranienburg zu kaufen. Dieser Zug fuhr aber eine andere Strecke, unter anderem durch Neuruppin. Die Schaffnerin identifizierte sich offensichtlich sehr mit ihrer Arbeit, denn beim Betrachten meiner Karte meinte sie sichtlich entrüstet und ohne einen Anflug von Ironie in der Stimme: „Wenn Sie eine Fahrkarte nach Oranienburg kaufen, warum fahren Sie dann nicht auch nach Oranienburg, sondern sitzen hier in meinem Zug?". Ich erklärte das mit der anderen Streckenführung auf der Hinfahrt, worauf sie ohne Erwiderung anfing auf ihrem Mini-Fahrkartenautomaten herumzutippen. Nach einer Weile ließ sie mich dann in jovialem Ton wissen, daß sie meine Fahrkarte mal ausnahmsweise abstempeln würde, da der Fahrpreis zufälligerweise derselbe sei. Da hatte ich also noch mal Glück gehabt. Natürlich freut es einen zu sehen, daß die DB solche so eng mit ihr verbundenen Angestellten hat.
Beste Grüße

Hallo!
Gerade hat die Sekretärin von Herrn Jauch ihren zweiten Kontrollanruf bei mir gemacht, um zu sehen, ob ich diesmal auch wirklich da bin. In ihrem „Vorgespräch" letzte Woche hat sie mir noch mal erklärt, was schon in dem von Euch übersandten Brief stand: Nach dem dritten Klingeln abnehmen, mit vollem Namen melden, alleine im Raum sein, das Telefon nicht auf laut stellen. Ihr sitzt bestimmt schon in Köln im Studio, da fahren wir übrigens über Ostern hin, nicht ins Studio aber nach Köln. So warte ich nun auf Herrn Jauchs Anruf und drücke die Daumen, daß falls es nicht klingelt, M es ohne Joker zur Million geschafft hat, oder doch zumindest ein anderer Telefonjoker sie dorthin gebracht hat. Wenn nicht, dann beim nächsten Mal. Wann wird die Sendung eigentlich ausgestrahlt?
Unsere Dienst-Handys bekommen wir nun doch erst morgen, da wollte die gute Frau von Endemol aber auch nichts von wissen. Ich hatte mich dieser Technik ja bis heute verweigert, während meine Kollegen ihre privaten Apparate auch für die Arbeit benutzten, was vom Chef eigentlich auch von mir erwartet wurde. Im Arbeitsvertrag steht dazu: „Durch Benutzung privater Technik entstehende Kosten sind mit dem Arbeitsentgelt abgegolten." Nicht nur deshalb hatte ich mich einem Handy verwehrt, sondern auch weil ich fürchtete und immer noch fürchte, daß durch das Vorhandensein eines solchen bei unseren „Klienten" die Erwartungshaltung noch verstärkt wird, daß man rund um die Uhr für sie da ist, sei es um Termine zum zehnten Mal zu verlegen oder „dringende" Probleme unverzüglich zu erörtern. Nun hat mein Chef aber einen Weg gefunden, auch mich in die Anwendung der neuen Techniken zu zwingen. Aber so ein Handy kann man ja auch abschalten, wovon ich aus-

giebig Gebrauch machen werde. Wenn wir uns mal wieder zu einem Nostalgietreffen verabreden, gebe ich vorher die Nummer durch bzw. schreibe mir diesmal Deine auf.
Am Sonntag war ich mit G in Rathenow. V blieb in Berlin, die Grippe hat uns alle erwischt, sie besonders hart, sie wollte sich aber nicht krankschreiben lassen, weil sie Angst hat, bei Ihrem Job in ein schlechtes Licht zu geraten. Ein guter Arbeitnehmer erholt sich dann eben am Wochenende. Zwar habe ich V damit etwas aufgezogen, ehrlichgesagt mache ich das aber genauso, allerdings mehr weil es mir davor graut, mich stundenlang in eine Arztpraxis zu setzen, um dann den Ratschlag zu bekommen, mir doch ein paar verschreibungsfreie Medikamente selbst zu kaufen. Ich war glaube ich seit meiner Zivildienstzeit nicht mehr beim Arzt, Zahnarzt mal ausgenommen. Und meine Impfungen habe ich irgendwann mal auffrischen und durch brasilienspezifische ergänzen lassen. Meinem Papa geht es nach der zweiten Operation in kurzer Zeit schon wieder relativ gut. Nächste Woche fährt er zur Kur nach Lübben, danach sollte alles wieder wie vorher sein. Auf der Rückfahrt von Rathenow habe ich Ratze im Zug getroffen, der ebenfalls ohne Frau mit seinem Sohn unterwegs war. Wir haben uns angeregt unterhalten und es machte zunächst nicht den Eindruck, als sei er vom Pfad der Tugend abgekommen. (Oder war es der Weg der Erleuchtung?) Daß er mir nichts von seinem Radeberger anbot, ließ mich dann allerdings doch etwas ängstlich in bezug auf seine Erlangung des Seelenheils werden.
Letztens im Buchladen habe ich festgestellt, daß der Parzival doch etwas umfangreicher ist als ich dachte und die vom besagten Urlauber ausgiebig studierte Reclam-Heftchen-Ausgabe wohl aus etwa

zehn Bänden bestehen dürfte. Die einbändige Ausgabe, die ich im Geschäft sah, war jedenfalls großformatiger als Reclam und brachte es trotzdem auf über 600 Seiten. Ich habe aber nicht zugeschlagen, da ich zur Zeit genug zu lesen habe. Neben der (oft) leidigen Fachliteratur widme ich mich gerade einem Meilenstein des Gender Mainstreaming: „Männer" von Dietrich Schwanitz. Eine sehr aufschlußreiche Betrachtung über die zwischengeschlechtlichen Unterschiede im menschlichen Sozialverhalten und die Folgen. Im Urlaub hatte ich übrigens was von Herbert Feuerstein dabei und habe auf demonstrative Lesungen auf der Terrasse verzichtet.
Bis demnächst

Hallo, liebe Freunde
das sind ja Nachrichten aus D-Land, daß die Mitarbeiter ihre Grippe jetzt am Wochenende auskurieren dürfen.
Ich sehe immer im Spiegel-Online, wie das Wetter ist, das sieht wirklich nach richtig strengem Winter aus.
Von hier gibt's eigentlich nichts besonderes. es hat lange nicht geregnet, aber unser garten ist immer schön grün, weil ich jeden Tag Wasser verspritze. Ernten können wir auch schon was: Tomaten, Zucchini, Radieschen und Rettich, Salat und Gurken, demnächst auch Bananen.
Mathias geht jetzt in die Kinderschule 'lourdinas", und ist mittags, wenn es nachhause geht, total KO.
Ich habe mir wieder ein Motorrad zugelegt, yaah xt600 Enduro, jetzt fehlt bloß noch der brasilianische Führerschein.
Ansonsten forsche ich so dahin, es geht alles in Zeitlupe, aber irgendwie doch voran.
Dann quält Euch nicht zu sehr mit dem Winter in Berlin, und den vielen Tretminen.
Es grüßt

Hallo!
Das Wetter ist hier zur Zeit wirklich unerträglich. Kalt ist es schon seit längerem, aber der Januar mit seinem trockenem Frost und relativ viel Sonne bei Minusgraden war angenehmer als das jetzt einsetzende Schmuddelwetter. Die Tretminen der letzten 6 Wochen, die wegen des Frostes natürlich nicht von den Kehrmaschinen beseitigt und gleichzeitig gut konserviert wurden, tauen jetzt wieder auf. Dann werden sie vom einsetzenden Schneeregen bedeckt, so daß man nicht mal mehr ausweichen kann... Motorradfahrerwetter ist das nicht. Gibt es keine Möglichkeit den deutschen Führerschein in Brasilien anerkennen zu lassen? Ich hatte mir hier immer einen internationalen Führerschein geholt, angeblich ist der in Brasilien anerkannt, was ich allerdings bezweifle, denn das an sich schon recht unübersichtliche Heft enthält keinen portugiesischen Text und wird vom normalen Straßenpolizisten wohl mit einer offenen Hand in Erwartung einer mittleren Geldspende beantwortet werden. Zum Glück bin ich nie angehalten worden.
Wir planen im Sommer nach Brasilien zu kommen. Vs Chefin und ihre Kollegen haben rumgezickt, weil sie 4 Wochen Urlaub am Stück haben will, aber ich habe sie diesmal ein bißchen zum Kämpfen überredet, vielleicht klappt es ja. Unter vier Wochen lohnt sich der Flug gar nicht, denn wie ich gesehen habe, bezahlt man inzwischen den Preis in Euro, den ich 1997 bei meinem ersten Besuch in D-Mark bezahlt habe. Außerdem darf G mit seinen zwei Jahren jetzt auch voll bezahlen. Den Direktflug von Frankfurt nach Recife scheint es nicht mehr zu geben und die TAP Air Portugal nutzt ihre neue Monopolstellung wohl zur Preiserhöhung. Über Rio oder Sao Paulo zu fliegen wäre auch nicht viel billiger, außerdem

mit Kind eine unerträgliche Tortur. Aber irgendwie wird es schon.
Beste Grüße

Hallo,
sehr interessanter Bericht über deine Teilnahme im Umfeld von "Wer wird Millionär". Alles sehr aufregend und anstrengend. Da sitzen warten und zu bestimmten Zeiten vor Ort sein und dann die Anspannung. Ich war letztes Mal, M war ja schon mal, auch Telefonjoker. Dieses Mal mußte ich glücklicherweise Arbeiten. Darüber hinaus hat M sowieso nicht auf mich gebaut und lieber andere Joker genommen. Na ja, hat ja alles nicht geholfen. Die Sendung kommt übrigens nächsten Freitag um 20.15 Uhr. (Das womit M winkt ist übrigens Laga-Maskottchen).
Das Ratze sein Radeberger nicht teilt ist wohl allgemeiner Ausdruck der zunehmenden Ich-Bezogenheit, womit der uns eigentlich verbindende solidarische und kollektivistische Lebensansatz immer weiter in den Hintergrund rückt. Ich würde wetten, daß Ratze wie ich ihn kenne, also vor der längerfristigen Übersiedlung in das NSW (wobei ich nicht sagen will daß nicht derartige Tendenzen auch hier auftreten), ohne zu zögern sein Bier geteilt hätte.
Handys sind tatsächlich Fluch und Segen zugleich. Ich könnte quasi nicht mehr ohne, also auch beruflich nicht. Aber der entscheidende Nachteil liegt in der wesentlichen Funktionalität eines derartigen Telefons. Man ist stets und ständig erreichbar. Ich wünsche dir also die Kraft und Konsequenz zum Ausschalten des Handys. Ich kann das nicht immer, weil ich Angst ! habe, jemand könnte anrufen und mich nicht erreichen und ich würde was verpassen. Völlig bescheuert.
Ich fliege von 10.-12. März mit unserem Fußballverein nach Köln. Es scheint ja das neue Reiseziel in Deutschland zu sein. Na ja mal sehen.
Bis dann erst mal...

Viele Grüße an deinen Vater und natürlich an deine Familie und vielen Dank noch mal das du dich zur Verfügung gestellt hast. Bei der Einladung bleibt es natürlich.

Hallo!
Wirklich schade, daß M nicht rangekommen ist. Wir besitzen übrigens auch eines der LAGA-Maskottchen, das mit der gelben Brille (Opti?). Genaugenommen hat es seine Brille gleich bei der ersten Begegnung mit G verloren, und sie ist bis jetzt auch nicht wieder aufgetaucht. Unser Sohn kann sich aber an die Sehschwäche des Bibers erinnern und zeigt, wenn er ihm begegnet immer auf die Augen und sagt mitleidvoll: Brilllle.
Wir sind nun doch noch nicht mit Handys ausgerüstete worden, mein Chef schiebt die Schuld auf den E-Plus-Laden, der das irgendwie nicht auf die Reihe bekommen würde. Gestern wäre ein solches Gerät vielleicht schon wieder von Vorteil gewesen, denn ich hatte mich – ähnlich wie bei unserem Nostalgie-Abend – mit M und C im Caiman am Boxhagener Platz verabredet. Womit ich nicht gerechnet hatte – obwohl ich schon des öfteren dort eingekehrt bin - war die Tatsache, daß diese Lokalität um 15 Uhr noch geschlossen ist. Erschwerend hinzu kam, daß C Besuch aus Braunschweig hatte, der sich erst noch die Stadt ansehen und deshalb erst um 17 Uhr dazukommen wollte.
Die Ds kamen mit leichter Verspätung um viertel Vier an und sahen M, der gerade einen Zettel am verschlossenen Rolladen angebracht hatte davonschlendern, konnten ihn aber gerade noch aufhalten. Wir änderten dann den Zettel in Richtung des Fargo, in das wir uns nun begeben wollten. Da kamen auch schon C, A und Kai, die ihre Stadtrundfahrt doch eher beendet hatten als geplant. Sie bestätigten uns, daß sie sich den Namen der Kneipe nicht gemerkt hatten und deshalb sicher auch nicht den Zettel gefunden hätten. Da hatten wir ja noch mal Glück gehabt. Das Fargo hat übrigens stark nachgelassen, seit der Eröffnung vor etwa 6

Jahren wurde dort nichts mehr verändert, nur die Bedienung wechselte in den 4 Stunden, die wir dort verbrachten 3 mal und obwohl außer uns kaum jemand dort war, bekamen wir sie nur nach Aufforderung zu sehen. Das Essen war dort noch nie berühmt, deshalb rieten wir auch den Touristen von einer entsprechenden Bestellung ab.

Zustande kam dieser Besuch übrigens, weil C und die Braunschweiger am Freitag das Bauhaus-Konzert besuchten, das mich zwar auch gereizt hatte, zu dem ich mich aber doch nicht überwinden konnte, da V Freitags immer lange arbeiten muß und ich extra einen Babysitter hätte organisieren müssen. M war zur gleichen Zeit auf dem ebenfalls in Berlin stattfindenden „Oma Hans"-Konzert, das C und Konsorten dann nach Bauhaus auch noch besuchten. Die Runde im Fargo war deshalb auch etwas zäh, die Kondition der Besucher war nicht auf dem Höhepunkt und auch die unsere ließ angesichts abklingender innerfamiliärer Grippewelle und Schlafmangel zu wünschen übrig. Wir unterhielten uns über in unserem Alter einsetzende Demenz und entsprechende Memorierstrategien. Diese Niederungen des Alltags sprachen M weniger an, ich berichtete ihm deshalb über meinen Kampf zur Befriedung von Hellersdorf, der für mich natürlich auch alltäglich ist, aber jemandem der im idyllischen Babelsberg residiert natürlich geradezu heldenhaft vorkommen muß. Ideen zu pädagogischen Spielen und Kinobesuchen kamen auf und wurden verworfen. Als G seine Mütze aufsetzte und sich die Jacke anzog nutzten wir die Gelegenheit, uns zu verabschieden.

Mein Papa ist die nächsten drei Wochen in Lübben und erwartet, daß wir ihn dort mal besuchen. Nach Rathenow werden wir deshalb wohl so Mitte März kommen, dann sollte es endlich mit einem Treffen

klappen. In Berlin seid ihr natürlich auch gerne gesehen, falls ihr mal zu „Oma Hans" oder ähnlichem da seid, oder auch einfach nur so.
Bis dann

Hallo!
Heute ist Freitag und meine Woche mit G geht zuende. Es geht ihm schon viel besser, auch wenn er ab und zu noch hustet und die Nase läuft. Heute haben wir die Bescheinigung vom Arzt geholt, daß er am Montag wieder in den Kindergarten kann. Am Montag haben wir dort drei Stunden zugebracht, die Ärztin meinte, die Kindergarten müßten wohl leer sein, so viele Kinder wie sie schon krankgeschrieben habe.
Ich konnte mich auch ein bißchen von den zirkulierenden Viren erholen, wenn es manchmal auch anstrengend war mit dem kleinen Patienten. Er hat schon seine Rituale, auf denen er besteht. Ich habe bei ich im Zimmer geschlafen, weil er nachts oft Hustenanfälle hatte und aufwachte und weinte. Dann mußte ich ihn beruhigen und bei Bedarf seine Wasserflasche reichen. Abend müssen Tata (Papagai) und die beiden Wauwaus (wovon einer ein Fuchs ist) zuerst von der Wasserflasche trinken und dann auf seinem Kopfkissen schlafen, bevor G sich den Rest einverleibt. Natürlich nicht, ohne daß er sich vorher ausgiebig die Zähne geputzt (und vor allem den Wasserhahn bedient) hat.
Dann müssen die Sachen streng nach Reihenfolge gewechselt werden. Seit ein paar Tagen will er sich selbst an- und ausziehen, was auch schon ganz gut klappt, zumindest was das Ausziehen betrifft. Beim Anziehen gibt es noch Probleme bei den Socken und beim Finden des Richtigen Eingangs für Arme und Beine. Trotzdem verweigert er zunächst meist die Hilfe und läßt diese erst zu, wenn er wie eine Meerjungfrau mit beiden in einem Hosenbein gefangen dasitzt. Nach dem Umziehen müssen Gesicht, Brust und Rücken eingekremt werden und die Fluortabletten gegessen werden. Wenn dieser Ablauf eingehalten wird, besteht eine gute Chance,

daß er sich auf den Schlaf einläßt, wie bereits gesagt sinkt diese Chance aber mit dem Erkältungsgrad. In den letzten Tagen ist noch der Fingerzeig auf die Mattratze dazugekommen: „Papa da!". Das werden wir ihm wohl wieder abgewöhnen müssen, auch wenn es mich natürlich ein bißchen stolz macht, so angefordert zu werden.

Sehr beliebt sind zur Zeit „Autos" und „Trem" (Zug also Straßenbahn) und Brummbrumma (LKW) auf der Straße, die den Müll abholen und Kisten transportieren (gibt es hier viele, da unter uns eine Handelsfirma residiert, deren Mitarbeiter laufend Pakete bekommen, umverpacken und weiterverschikken). Um letztere zu beobachten, hat sich G bereits eine Bank ans Wohnzimmerfenster gestellt, auf die er sich bei entsprechenden Geräuschen begibt um zuzusehen.

Beim Ausziehen seiner Hausschuhe, die er jetzt den ganzen Tag anhatte, habe ich zum Spaß daran gerochen und „Oh Käsefüße" gesagt. G roch daraufhin ebenfalls in seine Schuhe hinein und sagte ganz erfreut „Mhmm Käse". Seitdem hält er uns bei jeder Gelegenheit stolz seine Hausschuhe unter die Nase und erwartet , daß wir ihn als hauseigenen Käseproduzenten loben.

Ich schicke Euch ein paar Fotos (immer noch Gran Canaria) und die neuen Immatrikulationsbescheinigungen mit.

Beste Grüße

Hi,
danke für Deine ausführliche Mail. Hier ist der volle Winter eingekehrt. Kalt war es ja schon die ganze Zeit (teilweise auch tagsüber unter -10 Grad), aber nun gab es Neuschnee. Gut 2 Wochen bin ich nun also hier. Der erste Eindruck ist durchaus gut, auch wenn einiges zu wünschen übrig läßt. Wir wohnen z.B. relativ weit außerhalb und dort gibt es weder im Hostel (bescheidene Verhältnisse) noch in der Umgebung irgendwelche Freizeitmöglichkeiten. Mein Bildungsträger hat sich wirklich keine Mühe gegeben, vor allem, wenn man weiß, daß pro Person und Tag 20 Euro zur Verfügung standen. Bei diesem Budget hätte man hier wirklich was besseres finden können.
Im Reisebüro ist es wie erwartet: Es gibt nichts für mich zu tun. Das allerdings hatte ich erwartet, deshalb bleibt mir Zeit, mich voll und ganz auf meinen Reiseführer zu konzentrieren. Ich werde es einfach versuchen, diesen City Guide über Riga zu schreiben. Ohne diese Arbeit wäre meine Daseinsberechtigung hier in Riga eh in frage gestellt und Spaß macht es sowieso, auch wenn das Recherchieren (und Abschreiben) kein Ende zu nehmen scheint.
Ein weiterer Ballast ist meine Kurs-Kollegin. Ich wohne tatsächlich mit einer Frau auf dem Zimmer. Da ich mir mit keinem aus dem Kurs vorstellen konnte, ein Zimmer zu teilen, überließ ich es dem Schicksal, wer zu mir kommt. Donata ist reichlich durcheinander, Diskussionen sind kaum möglich, weil ich sie bei ihren Erklärungen einfach nicht verstehe. So oder so ist sie sehr anstrengend wie eigentlich alle aus meinem Kurs. Ich würde mir am liebsten eine kleine Wohnung nehmen, aber das kann ich mir leider nicht leisten.

Gestern wurde mir gesagt, daß zweimal die Woche mein Arbeitsplatz gebraucht wird, was mich aber nicht weiter stört. Immerhin werde ich hier freundlich behandelt. Irena, die in einem anderen Reisebüro arbeitet, wird wohl richtig angegiftet und Arbeit hat sie auch keine, wie übrigens der Grossteil meines Kurses. Manche arbeiten nur 3 Stunden am Tag und das auch nur 3mal in der Woche. Das alles klingt vielleicht schlimmer als es ist. Ich bin noch gerne hier und morgen werde ich endlich meinen ersten Ausflug machen. Das sind zwar nur 60 km, aber Sigulda soll sehr schön sein und zusätzlich ein Wintersportort sein.
Übrigens komme ich vom 10. bis 15.03. nach Berlin. Über ein Treffen würde ich mich sehr freuen.
Lieben Gruß

Hallo!
Vielen Dank für Deinen Reisebericht, Praktika sind immer so eine Sache, entweder haben sie dort nichts für einen zu tun oder sie schieben alle lästigen Arbeiten auf einen ab, bei denen man nichts lernt. Wirklich gute Praktika scheinen selten zu sein, das würde auch voraussetzen, daß man von jemandem im Unternehmen betreut wird, der auch bereit ist, erst mal ein bißchen Zeit zu investieren, um einem einen Überblick über die anfallenden Aufgaben zu geben, damit man dann auch selbständig was erledigen kann. Das ist wohl meistens nicht der Fall und es bleibt bei den bescheidenen Routinearbeiten oder dem von Dir beschriebenen Absitzen von Zeit. Da hilft nur, das Beste daraus zu machen und die freie Zeit anderweitig zu nutzen.
In bezug auf meinen Handy-Besitz kann ich Dich beruhigen: Meinem Chef scheint es doch aufgegangen zu sein, daß die Ausstattung seiner Mitarbeiter mit diesen Geräten etwas teurer wird, als der jetzige Zustand und hat deshalb die Sache abgeblasen. Offiziell ist natürlich der Handyanbieter schuld, der es „irgendwie nicht auf die Reihe bekommen" hat, unsere Firma entsprechend auszustatten...
Ich bin nicht traurig darüber, auch wenn mich die allgemeine Knauserigkeit bei der Bezahlung von Ausstattung und vor allem von Arbeitsstunden etwas nervt. Wir sind zum Beispiel gerade in einen „neuen" Standort umgezogen. Ein alter abrißreifer DDR-Kindergarten bot sich dafür natürlich an. Der wird jetzt mit MAE-Kräften (besser bekannt als Ein-Euro-Jobber) zum „Kinder- und Jugendhilfezentrum" ausgebaut, in das auch bereits das entsprechende Regionalteam des Jugendamtes eingezogen ist. Offiziell ist das „Dezentralisierung" inoffiziell weiß man, daß der Bezirksbürgermeister die Räume im schicken Neubau des Bezirksamtes für sich

selbst und seinen näheren Mitarbeiterstab haben will. Da muß das Jugendamt eben raus.
Daß ehemalige DDR-Kindergärten als Arbeitsstätte nicht sehr ansprechend sind, muß ich wahrscheinlich nicht weiter ausführen. Wenn noch dazu kommt, daß es sich dabei um eine Dauerbaustelle handelt, wird es nicht besser. Daß solche staatlichen Aufgaben wie der Umbau dieses Gebäudes nun auf MAE-Basis betrieben werden, finde ich auch etwas seltsam. Die immer verkündete „Zusätzlichkeit" dieser Arbeit ist dabei wohl jedenfalls nicht gegeben. Anderenfalls wäre damit wohl eine kleinere Baufirma für ein Jahr versorgt gewesen. Den Umzug mußten wir übrigens auch selbst bewerkstelligen und schleppten also die containerreifen IKEA-Möbel (die sind damit schon das dritte Mal umgezogen und werden nur noch von nachträglich angebrachten Winkeln und Schrauben zusammengehalten) in den „neuen" Standort. Dafür dürfen wir nun allerdings nicht mit der Bezahlung dieser Stunden rechnen, sondern uns über ein Abendessen freuen, mit dem sich unser Chef für die geleistete Arbeit „revanchiert" (das gilt selbstverständlich auch nicht als Arbeitszeit und die Rechnung kann man ja praktischerweise auch noch von der Steuer absetzen).
Ich beruhige mich damit, daß ich da ohnehin nur noch ein paar Stunden arbeite und hauptsächlich an meiner Dissertation arbeite. Aber auch hier stockt es in letzter Zeit etwas. Mein Professor, der sowieso nicht gerade einfach zu erreichen ist, ist jetzt seit mehreren Wochen krank. Erfahren habe ich das als ich bereits zum vereinbarten Termin vor seiner Tür stand, obwohl er zu diesem Zeitpunkt schon länger krank war. Seine Sekretärin hatte es nicht für nötig gehalten, mir den Termin abzusagen. Jetzt könnte ich mich ärgern, weil ich eigent-

lich dachte, daß das in der Krankheit ihres Chefs so ziemlich ihre einzige Aufgabe wäre. Aber wahrscheinlich pflegt sie ihn am Krankenbett und nimmt gleichzeitig wichtige Diktate von ihm auf, damit der Laden weiter läuft. Noch wahrscheinlicher ist sie für ein paar Wochen in den Urlaub gefahren, muß ja auch mal sein. Ich will ja nicht immer meckern. Etwas erfreulicheres fällt mir allerdings im Moment nicht ein, deshalb wünsche ich Dir, daß Du Deine Zeit in Riga genießen kannst.
Bis bald

Hallo,
wie bereits mitgeteilt stehen wir zum 18.3. Nähere Verabredung können wir noch treffen. Der erzwungene Verzicht bezüglich des Handys kann man aus meiner Sicht auch als überaus positiv betrachten. Letztlich ärgert man sich mehr über die ständige Erreichbarkeit mehr als über die Momente zu denen man mal eins gebrauchen könnte.
Die Verrichtung öffentlicher Aufgaben durch MAE-Kräfte ist natürlich eine Katastrophe. Wobei die Situation in Berlin wohl besonders schlimm ist. Ich erinnere nur an Schulen die durch Hartz-IV-Kräfte saniert wurden. Aber das ist ja dann auch nicht anders als bei euch. In Rathenow sind die Bewilligungen schwieriger zu bekommen. Da schaut man schon genauer hin, allerdings gibt es immer Fälle die offensichtlich grenzwertig sind.
Ansonsten baue ich seit zwei Wochen an meinem Heimnetzwerk. Deswegen die Probleme mit der E-Mail-Erreichbarkeit. Ich bin offenbar schon zu alt und damit zu blöd für die heutige EDV-Technik. Was aber angesichts meines Werdeganges und meiner Sozialisation an einem C64 auch kein Wunder ist.

Hallo!
Dann sehen wir uns am 18., falls nicht G wieder krank wird. Sollte das passieren, sage ich so früh wie möglich bescheid. Zur Zeit hat er wieder seinen Wochenrhythmus in bezug auf Erkältungen eingenommen: Eine Woche ist er im Kindergarten, die nächste krank. Bis gestern war meine Mutter hier, damit ich mich nicht schon wieder mit ihm krankschreiben lassen muß. Sonntag haben wir meinen Papa in Lübben besucht. Der Zug fuhr erst ab Königs Wusterhausen und wir haben dort einige Zeit verbracht, denn als wir mit der S-Bahn ankamen war die Regionalbahn natürlich gerade weg. Da wäre ein Handy von Vorteil gewesen, aber die dritte Telefonzelle (bessergesagt: -säule) funktionierte dann doch und wir konnten das Taxi umbestellen und meinen Papa um eine Stunde vertrösten. Der kann sich in seiner Kurstätte nicht richtig entspannen, er zählt schon die Tage, bis sie ihn wieder weglassen. Ich fand es eigentlich sehr schön dort, zugegebenermaßen etwas abgelegen. Gesundheitlich ist bei ihm wieder alles o.k., natürlich war es erst mal ein Schock, aber es ging dann ja auch relativ schnell vorbei.
Der Einsatz von MAE-Kräften ist zumindest sehr ambivalent. Natürlich ziehe ich es vor, jetzt in einer halbwegs sanierten Gebäude zu arbeiten, als in einem völlig unsanierten; angesichts leerer Kassen hierzulande wäre das wohl die Alternative gewesen. Andererseits begünstigt sowas natürlich weiter die wirtschaftliche Abwärtsspirale: Wieder eine Baufirma mehr ohne Auftrag, vielleicht eine Pleite mehr, weniger Steuereinnahmen, mehr Arbeitslose, die man subventionieren muß und die dann in der nächsten MAE eingesetzt werden...
Dann noch viel Spaß beim Netzwerkbasteln. In unseren Räumen hat gerade ein Angestellter unserer

Firma ohne genaue Berufsbezeichnung („der kann immer alles") ein Netzwerk installiert. Es funktionierte zwei Tage, jetzt kann man nicht mehr ins Internet und nicht mal mehr drucken.
Beste Grüße

Hallo!
Wir haben gerade unsere Tickets für Brasilien gekauft. Mann sind die teuer geworden. Im August sind wir da, ich hoffe, wir sehen uns. Vielleicht können wir zusammen ein Wochenende nach Joao Pessoa fahren. Wir haben die Tickets im TUI-Reisebüro geholt, gerade hörte ich dann im Nachrichtensender: „Die TUI leidet an der Vogelgrippe." Ich hoffe, das war nicht so wörtlich gemeint. In unserem alten Reisebüro „Flugbörse" hatten sie uns am Sonnabend vertröstet und wollten uns dann nach ihren Recherchen nach dem günstigsten Tarif anrufen. Sie haben uns dann irgendwas von Lima auf den Anrufbeantworter gequatscht, weshalb wir ins nächstgelegene Reisebüro auswichen. Wie ich vorher im Internet bereits festgestellt hatte, fliegt nur noch die TAP einigermaßen direkt nach Recife. Einen Marathonflug über Rio oder Sao Paulo wollten wir uns mit G nicht antun. So kommen wir jetzt wieder über Lissabon.
Dieses Wochenende werden wir G das erste Mal alleine bei Oma und Opa in Rathenow lassen, um uns ein bißchen zu erholen. Wir fahren dann nach Lübbenau in den Spreewald und werden uns im Thermalbad das heiße Wasser über die ausgemergelten Körper fließen lassen, vielleicht mal wieder ins Kino und entspannt an den Kanälen spazierengehen, letzteres wenn es das Wetter denn zuläßt.
Ansonsten bastele ich weiter an meiner Diss. Allerdings ist mein Professor seit 6 Wochen krank und wird es wohl auch noch einmal so lange bleiben. Besonders oft habe ich ihn ohnehin nicht zu sehen bekommen, aber ich müßte jetzt eigentlich meinen Erhebungsbogen einsetzen, den er erst mal absegnen wollte. Ansonsten stirbt mir mein Untersuchungsobjekt wieder unter der Hand weg, bevor ich meine Daten erheben kann. Ich bedränge jetzt seine

wissenschaftlichen Mitarbeiter, mir da den Weg zu ebnen, von einer habe ich die Zusage bekommen, sie würde sich darum kümmern und mich „anmailen", was natürlich auch eine Woche danach noch nicht passiert ist. Du siehst, nicht nur in Brasilien mahlen die Mühlen langsam.
Beste Grüße

Hallo!
Wir freuen uns schon auf das brasilianische Churrasco. Hier gehen wir manchmal ins Via Nova, ein paar Steaks essen. Das waren immer argentinische, aber in letzter Zeit schmecken sie nicht mehr so. Auf der neuen Karte haben sie das „argentinisch" dann auch weggelassen.
So wie Du auf Abkühlung wartest, fiebern wir dem Frühling entgegen. Zur Zeit ist der Winter aber noch einmal kräftig zurückgekommen. In Lübbenau hatten wir am Wochenende über 20 Zentimeter Schnee. Am Freitag habe ich G nach Rathenow gebracht und heute wieder abgeholt. So muß man schon fast zwei Tage freinehmen, um ein Wochenende wirklich abschalten zu können. Das taten wir dann aber auch ausgiebig. Am Sonnabend haben wir nur einen kleinen Spaziergang gemacht und ansonsten den Schneefall aus dem Balkonfenster heraus beobachtet. Es fehlte nur der Kamin. Ansonsten hatte das Hotel aber alles zu bieten was man sich wünscht. Gestern sind wir dann im Thermalbad gewesen und durch die eingeschneite Landschaft nach Lehde gewandert, um die sorbischen Holzhäuser mit ihren Strohdächern zu bewundern. Die Dächer waren allerdings wegen der erwähnten Schneemengen meist nur zu erahnen.
Angesichts der Kälte sind wir sehr oft eingekehrt und haben uns die Spreewälder Köstlichkeiten schmecken lassen. Schon am Freitag sind wir noch hier in Berlin seit langem das erste Mal zu zweit in die Kneipe gegangen. Da muß man sich dann erst mal wieder daran gewöhnen, sich ohne Ablenkung unterhalten zu können. Nun ist der Kleine wieder da, die Wiedersehensfreude hielt sich in Grenzen. Oma und Opa haben ihn offensichtlich gut versorgt. Das nächste Wochenende fahren wir zu dritt

nach Rathenow, unter anderem, um einen alten Schulfreund von mir zu treffen.
Beste Grüße

Hallo!

Dann komm doch nächste Woche mal vorbei! Daß A in den heiligen Hallen der Kirche in den heiligen Stand der Ehe eintritt, finde ich auch ziemlich überraschend. Hoffentlich kommt es nicht wirklich zu Ausschreitungen. Der 09.09. läßt sich wahrhaftig gut merken. Wir haben unseren letzten Hochzeitstag auch vergessen, das wird dann natürlich unwahrscheinlicher und eventuelles Konfliktpotential bei einseitigem Vergessen etwas entschärft. Der 06.06.06 wäre in dieser Hinsicht noch besser gewesen, aber da haben sie wahrscheinlich keinen Termin mehr bekommen, an so einem Datum wollen natürlich alle heiraten. Heutzutage ist das ja Teil der zeitgenössischen Eventkultur. Außerdem wird die Kirche an diesem Tag wegen der satanischen Symbolhaftigkeit des Datums wahrscheinlich gar keine Trauungen durchführen.

Am Wochenende werden wir uns mit R treffen. Ich hoffe, wir verpassen uns nicht wieder wie am Berliner Uniclub. Aber in Rathenow ist die Lage ja etwas überschaubarer. R will in das griechische Restaurant am Waldschloß einkehren, das Apostoli heißt. Heute gehe ich in der Nähe der Humboldt-Uni zum Arbeitsessen. Die Lokalität nennt sich „Die 12 Apostel". Die Jünger scheinen als Paten für die gastronomische Namensgebung sehr beliebt zu sein. Mein Votum für eine Kneipe im Friedrichshain blieb letztlich unerhört, obwohl unser Teamleiter ebenfalls hier wohnt. Da hätte er sich ja wirklich mal durchsetzen können.

Ich wünsche Dir einen schönen weißen Frühlingsanfang.

Bis bald

Hallo!
Da haben wir tatsächlich sechs Stunden in der Kneipe gesessen und sind nicht mal bis zum Thema Gender Mainstreaming vorgedrungen, obwohl wir in einer paritätisch besetzten Expertengruppe vor Ort waren. Aber wir haben das Thema natürlich in unserer E-Mail-Diskussion bereits fast ausgeschöpft. Zum Verdünnen des Schnapses haben die Brasilianer die Caipirinha erfunden, deren Splitter-Eis sich bei brasilianischen Temperaturen unwillkürlich zu Wasser verwandelt. Hartgesottene behaupten, das ursprüngliche traditionelle Rezept würde auf den Zusatz von Kühlungs- und somit Verdünnungsmitteln verzichten und trinken die Caipirinha auch so. Wenn man schon dabei ist, kann man auf den Zusatz von Zucker ebenfalls verzichten (der im Übrigen in Brasilien zwar naturgemäß immer Rohrzucker ist, aber nie der hier verwendete schlecht lösliche braune Naturzucker). Man hat dann Cachaça com Limão (Schnaps mit Limette), der zwar nicht mehr die verdünnende Wirkung des Eises enthält, aber auch nicht die gefährlich den Alkoholgeschmack übertönende Süße.
Weniger auf Tradition Bedachte trinken allerdings lieber den nachgemachten brasilianischen Whiskey, da der Zuckerrohrschnaps als Armengetränk verpönt ist. Der ist zwar etwas teurer, aber bestimmt nicht besser. Der Zuckerrohrschnaps kostet umgerechnet so zwischen 40 Cent und einem Euro pro Liter, wobei 40 Cent der hier importierten Ware entsprechen und der teurere Cachaça von Kenner getrunken wird. Diese versammeln sich alljährlich zum Volksfest in Areia, dem ich 1998 auch beiwohnen durfte. Am Eingang erwirbt man einen am Band zu tragenden keramischen Schöpflöffel, mit dem man sich an überall auf dem Festgelände zugänglichen Zapfhähnen für Zuckerrohrschnaps

bedienen kann. Diese sind in Reihe angeordnet, wie die Waschbecken im Kinderferienlager, damit es nicht zu Rangeleien kommt. Ich war seinerzeit mit dem Deutsch-Kolumbianer J dort. Der hatte ein paar seiner Studenten überredet, von Campina nach Areia zu fahren und uns mitzunehmen. Die Studenten waren dann irgendwann weg und wir feierten weiter, bis morgens wieder der erste Überlandbus fuhr.

Dieses Wochenende haben wir etwas ruhiger verbracht. Am Freitag war C wieder hier, er arbeitet jetzt die letzten Tage im Pflegedienst. Da geht es morgens um 6 los und dementsprechend konnten wir ihn keine sechs Sunden halten, zumal V auch erst um 8 von ihrer 10-Stunden-Schicht nachhause kam.

Wir wünschen Euch viel Spaß in Südtirol, ein bißchen Wärme könnten wir jetzt auch gebrauchen. Aber vielleicht gibt es ja hier im Juni ein paar schneefreie Tage.

Beste Grüße

Hallo!
Da hast Du Dich also ins noch wenig frühlingshafte Deutschland gewagt. Wobei man sagen muß, daß das Wetter eigentlich schon ganz gut geworden ist, von der Kälte über den Dauerregen ist es nun zumindest zu einem durchschnittlichen Aprilwetter gekommen. Bist Du in Karlsruhe oder auf Forschungsreise?
Schade, daß Du nur so kurz im Lande bist, sonst hätten wir uns vielleicht mal treffen können. Aber wir sehen uns ja im August im guten alten Campina Grande. Über Ostern machen wir einen Ausflug nach Köln. Letztes Wochenende waren wir in Rathenow. Mein Bruder feierte seinen 40. Geburtstag im Haus des Tennisvereins, in dem unsere Familie seit über 50 Jahren aktiv vertreten ist. G hat auch seine ersten Bälle geschlagen, allerdings keine echten Tennisbälle, sondern Duplikate aus Schaumstoff, das erschien angesichts der großen Scheiben der Terrassentüren des Tennishauses etwas sicherer.
Der Club liegt auf dem Gelände der Landesgartenschau, die Ende des Monats in Rathenow eröffnet wird. So erhielten wir einen exklusiven Einblick in den Fortschritt der Gestaltungsarbeiten, denn großräumig eingezäunt ist bereits alles, damit sich auch niemand umsonst die Bepflanzung ansieht. Auch die Tennisspieler müssen sich dann eine Dauerkarte für die „LAGA" kaufen, die Stadt hat nichts zu verschenken. Das Gelände nahm sich noch etwas kahl aus, auf dem Karpfenteich haben sie eine im Verhältnis zur Wasserfläche gigantische Steganlage aufgebaut, die von oben betrachtet eine Reminiszenz an die Tradition der Rathenower optischen Industrie geben soll, welche allerdings kaum noch existiert. Von über 4000 Beschäftigten in den „Rathenower Optischen Werken", die den ganzen

Ostblock mit Brillen versorgten, sind nur noch wenige hundert in Niederlassungen von Fielmann und ähnlichem übrig geblieben.
So, wir gehen jetzt ins „Caiman" leckere südamerikanische Empanadas mit Salsa essen.
Dann alles Gute und bis bald

Hallo!
Gerade sind wir mit 250 Sachen durch Rathenow gerauscht, wenn man der Anzeige im Zug der Deutschen Bahn vertrauen kann. Sonst ist der aber etwas langsamer unterwegs, immerhin brauchte er bis Köln doch viereinhalb Stunden. Die Reste des Betonwerkes waren noch zu erkennen, wo wir in Produktiver Arbeit begehrte Gehwegplatten herstellen durften, nachdem wir uns darauf durch das obligatorische Anfertigen von Rohrschellen vorbereitet hatten. Die Rohrschelle ist schon ein Wunderwerk der Technik, das hatte Frau Honecker gut erkannt. Man konnte daran sämtliche Techniken der Metallbearbeitung lernen. So für das Leben gerüstet mußte ja was aus uns werden.
Die Kölner sind nicht durch diese Schule gegangen, was man schon daran merkt, daß sie ihren Dom nach über 600 Jahren immer noch nicht fertig haben und er zum Teil von einem Baugerüst geziert wird. Unser Hotel „Domgarten" lag vom Dom aus gesehen auf der anderen Seite des Bahnhofs und wurde von einer exzentrischen Polin geführt, die das Haus nach dem gleichen Geschmack eingerichtet hatte, wie sie sich anzog: Nicht billig, aber doch sehr gewagt. Der Dom war aus dem Fenster immerhin zum Teil zu sehen, außerdem befand sich das Etablissement in der Domstraße, weshalb wir die Namensgebung mal als legitim bezeichnen. In unser Zimmer zeigte ein Notausgangsschild und an der Tür befand sich ein großer leuchtender Not-Aus-Schalter wir man ihn von größeren Maschinen kennt und in Atomkraftwerken vermutet. Offensichtlich konnte man damit Alarm auslösen und unsre Zimmertür öffnen, um sich dadurch zum Notausgang zu begeben, der im aushängenden Rettungsplan mit „Fenster" bezeichnet war. Wir richteten uns also darauf ein, von einer Horde Ho-

telbewohner geweckt zu werden, die des nachts über unser Bett steigen und sich aus unserem Fenster stürzen würden. Das Zimmer befand sich übrigens im dritten Stockwerk (Parterre nicht mitgezählt).
Es gab aber keine erwähnenswerten Zwischenfälle. Mit dem gealterten Ausflugsdampfer „Willi Ostermann" schipperten wir über den Rhein, der noch 50 Zentimeter unter der Uferpromenade stand. Die Zugänge waren alle mit Ketten verhängt, offensichtlich stand das Wasser schon höher oder solches wurde erwartet. Wir ließen uns nicht von einem Spaziergang dort abhalten, bei dem man neben der erblühenden Natur auch die Sehenswürdigkeiten Kölns erblicken konnte sowie ältere Mitbürger, die in den Kabinen ihres Reheinkreuzfahrt-Schiffes im Bett lagen. Sie hatten wohl nicht bemerkt, daß man bereits angelegt hatte. Als die vorbeilaufenden Kinder an die Fenster klopften, zogen sie sich hastig die Bettdecken über den Kopf.
Eines anderen Tages überquerten wir den Rhein mit der Seilbahn, wobei mir doch etwas flau im Magen wurde, obwohl mir Fliegen nichts ausmacht. Vielleicht lag das an dem sichtbar fortgeschrittenen Alter der Gondeln. In der Nähe des Hotels gab es eine brasilianische Kneipe, die sich kurioserweise „Amore Mio" nannte. Die Tische waren mit brasilianischen Flaggen gedeckt und es gab die typischen erwartbaren Speisen als Brunchbüfett. So stimmten wir uns schon mal auf unseren Brasilienbesuch Ende Juli ein. Ansonsten gab es übertolerierte Haxen am Fisch- bzw. Heumarkt. Sie schmeckten nach bestem Schweineschmalz und ich mußte an die Vermeer-Runden bei F denken, seit denen ich solchen Geschmack wohl nicht mehr auf der Zunge hatte. Ab morgen ist Diät angesagt.
Beste Grüße

Hallo!

Am Wochenende spielt Frank Schöbel auf der Eröffnung der Rathenower LAGA. Leider werden wir diesem Event nicht beiwohnen, da wir erst vor zwei Wochen in Rathenow waren und dabei auch schon das LAGA-Gelände besichtigten. Normalerweise ist es gut eingezäunt, aber da mein Bruder seinen 40. Geburtstag im Tennishaus feierte, das auf dem Gelände liegt, hatten wir einen Schlüssel. Nach der Eröffnung müssen aber auch die Tennisspieler eine Dauerkarte haben.

Wenn Du auch nicht zu Frank Schöbel reist, könnten wir uns ja am Wochenende treffen. Vielleicht wieder Freitag abends oder wir setzen uns mal nachmittags mit einem Bier im Park oder Café in die Sonne.

Die „Welt" hat übrigens seit einiger Zeit eine neue Kompakt-Ausgabe, sozusagen RTL II im Zeitungsformat. Ich erwähne das nicht, weil ich es für verwerflich oder originell halte, sondern wegen der großartigen Werbeidee, die ich diesbezüglich letztens beobachtete. Mit dem Slogan „Für alle, die es eilig haben.", wurde dort auf einem auf dem U-Bahn-Fußboden aufgeklebten Plakat geworben. Darunter wurde dann eine Ausgabe der „Welt Kompakt" abgebildet, auf der die Hauptschlagzeile prangte: „Rente mit 67 kommt früher.". Das hätte der Eulenspiegel auch nicht besser gekonnt. 1994 warb die „Welt" schon mit einer ähnlich großartigen Kampagne. Das Motto war zu dieser Zeit: „Weil sich die Welt verändert, verändert sich die Welt." Bei unserem Zivildienstlehrgang in Beeskow verwendeten wir diesen Ausschnitt in einer Collage zum Thema „Demokratie". Unser Dozent gab sich echt Mühe, in seiner Interpretation diesen Spruch noch zu übertreffen. Es fielen Sätze wie: „Demokratie lebt von Veränderung." „Demokratie verändert die Welt."

und ähnliches. Nach der Auflösung des tatsächlichen Hintergrundes gab es erst mal eine längere Pause, was in Beeskow nicht unbedingt ein Anlaß zur Freude ist.
Also dann, vielleicht bis zum Wochenende

Hallo,
hier ist heute der Frühling ausgebrochen, die Sonne scheint den ganzen Tag bei 20 Grad. Zum Wochenende soll es allerdings rechtzeitig wieder kühler werden. Am letzten Freitag war es auch schon ganz schön, am Wochenende dann allerdings nicht mehr so. Ich hatte mich mit C auf ein Bier im Straßencafé in der Sonne verabredet, wir haben dann aber doch drinnen gesessen. Gegen Abend riß die Wolkendecke dann doch noch auf und wir setzen uns ein bißchen auf den Boxhagener Platz. Dort sammelte sich eine bunte Mischung aus Familien, Trommlern, Pennern und Punkern. Während G sich auf dem Spielplatz austobte, sahen wir einem der letztgenannten zu, wie er mit einem überschäumenden Sternburg-Pils (40 Cent der halbe Liter) in der Hand extatisch auf der Kinderschaukel hin und herflog, während ihm seine Säuferkollegen zujubelten und ihn weiter anfeuerten. Obwohl er das nicht hören konnte, da er Kopfhörer auf den Ohren hatte, deren Ton zwanzig Meter weit zu hören war, schaukelte er immer schneller, bis er in einem großen Satz absprang und sich teilnahmslos auf eine einzelne Bank setzte. Für solche skurrilen Szenen lohnt es sich schon, im Friedrichshain zu wohnen.
Grüße S von uns und sag ihr, wir würden sie gerne im August treffen. Ich konzentriere mich jetzt auf meine Diss, die zwei Jahresverträge in meinem Nebenjob sind abgelaufen und um eine Festanstellung zu vermeiden wird ausgewechselt. Aber wir kommen auch so erst mal über die Runden. Im Herbst suche ich mir vielleicht was neues. Bis dahin werde ich den Sommer genießen und verstärkt an meiner Diss bauen.
Beste Grüße

Hallo!
Vielen Dank für den Brief und die schönen Bilder. G hat sich gleich wiedererkannt und die Tennisbilder mit „Da: Peng, peng." und die Osterbilder mit „Da: Rolle rolle." kommentiert. Schön, daß Euch die Landesgartenschau so gut gefällt und Ihr dadurch so schöne Möglichkeiten zum Spazierengehen habt. Habt Ihr den überprüft, ob sich der Regenbogen durch die Prismen betrachtet, wirklich umkehrt, wie auf dem Logo der „LAGA"? Wir waren heute seit Längerem mal wieder an der Rummelsburger Bucht. Wir sind vormittags los, obwohl es kühl und bedeckt war, weil die Wettervorhersage Regen für den Nachmittag angekündigt hatte. Jetzt ist der Nachmittag da und die Sonne scheint. Das werde ich noch mal für einen kleinen Spaziergang nutzen, auf dem ich auch gleich diesen Brief einwerfen kann.
Wir sind heute Vormittag nur auf der kurzen Nordseite der Bucht entlangspaziert. Es hat sich dort einiges verändert. Viele neue Wohnungen wurden gebaut, deren Miete wir uns leider nicht leisten können. Das ehemalige Knastgelände am Ende dieses Weges wurde beräumt und die hohe Mauer zum größten Teil abgerissen, anscheinend sollen die Gebäude aber stehen bleiben. Mal sehen, was sie daraus machen. Ob ich da wohnen möchte, weiß ich nicht so richtig, auch wenn sie ja meist nur die Außenmauern stehen lassen und alles andere herausreißen und neu bauen. Ich müßte glaube ich trotzdem an die Dinge denken, die in den Mauern passiert sind, als sie noch den Zellentrakt umschlossen und dabei wäre mir bestimmt nicht wohl.
Euren Auftritt im Havellandfernsehen müßt Ihr mal aufnehmen, wenn sie ihn noch mal bringen. Ward Ihr denn schon mit Platzeck und dem Bürgermeister in der MAZ? Wenn wir in Rathenow sind,

kommen wir natürlich auch mit zur „LAGA". An Vaters Geburtstag ist er ja in Berlin und wir gehen zu Clapton, aber danach kommen wir dann mal wieder zu Euch. Cs Ein-Euro-Job ist jetzt zuende. Er hat noch eine „Trainingsmaßnahme" im Anschluß gemacht, was bedeutete, daß er noch einen Monat weiterarbeiten durfte, allerdings ohne die „Mehraufwandentschädigung" zu bekommen. F hat sich nicht gemeldet, vielleicht ist er doch noch in Lettland geblieben. Sein Praktikum soll auch nicht so doll gewesen sein, sie hatten nichts für ihn zu tun und er hat sich die Zeit damit vertrieben, einen Reiseführer für Riga zu schreiben und Fotos dafür zu machen. T hat es mit seiner Stelle wirklich gut angetroffen, daß er da was sinnvolles machen kann, was ihm auch noch Spaß macht. Wie man sieht ist das nicht immer der Fall. Ich habe übrigens mit der T-Methode aufgehört zu rauchen. Das Bier ist also auch gestrichen und ich versuche, viel zu laufen, allerdings nicht nordisch.
Meinen Professor habe ich nachdem er 4 Monate krank war diese Woche auch gesehen. Er hatte meinen Kram diesmal sogar gelesen, auch wenn er mein Manuskript mit seinen reichhaltigen Anmerkungen leider nicht mehr auffinden konnte und hat sich nachdem ich eine Stunde auf ihn gewartet hatte, dann doch die Zeit genommen, einiges umzuwerfen. Immerhin besser als gar keine Orientierung zu haben, aber es bedeutet allerhand an Arbeit in nächster Zeit.
Viele liebe Grüße

Hallo!
Wir haben am Montag noch schön Kindergeburtstag gefeiert. V hat im Vorfeld nach unserem Fahrradausflug an die Rummelsburger Bucht schnell einen Kuchen gebacken, weil wir kein Geschenk hatten, denn Steffi hatte uns erst einen Tag vorher eingeladen. F war doch schon aus Lettland zurück. Es war dort wohl ziemlich langweilig. An seinem Praktikumsplatz hatten sie nichts für ihn zu tun und Riga kannte er schnell auswendig.
Im Prenzelberg war es zum Maifeiertag erstaunlich ruhig, die Straßenbahnen in die andere Richtung dagegen überfüllt. Die Massen pilgerten nach Kreuzberg.
G war unausgeschlafen und wollte sich mit den älteren Frauen Lili wurde drei), die ausgelassen Party machten, nicht einlassen. Dementsprechend haben wir bald den Rückzug angetreten.
Am Sonntag werden wir mit meinen Eltern den Zoo besuchen. Du könntest also am Freitag Abend oder am Sonnabend auftauchen, vorausgesetzt Du bist nicht wild darauf, uns beim Elefantengucken zu begleiten.
Ich habe jetzt auch mit dem Rauchen aufgehört. Gleichzeitig habe ich vorübergehend den Bierkonsum eingestellt, um nicht zu sehr dem Rückfallrisiko ausgesetzt zu sein. Du bekommst aber trotzdem ein leckeres Jever, wenn Du auftauchst.
Bis dann

Hallo,
gerade habe ich mir nochmals die letzten von dir geschickten Fotos angeschaut und mit meinen verglichen, wobei unübersehbar ist, daß meine einfach viel zu groß sind. Das ist mir bei anderen an mich geschickte auch schon aufgefallen. Weißt du zufällig, wie ich sie auf die Größe deiner Bilder bekomme, ohne daß sie an Qualität verlieren? Seit heute habe ich übrigens einen Scanner, Drucker und Kopierer in einem. Aldi macht's für 80 Euro möglich. Ich bin nun verhalten glücklich, denn die erste Kopie klappte und das Scannen eines Fotos auch (außer halt zu groß).
Hat Steffi Euch für Freitag schon zum Grillen eingeladen? Sie hat zwar heute Geburtstag, feiert wohl aber erst dann. Genaues muß ich auch noch in Erfahrung bringen.
Übrigens: da mich dein (vorläufiges) Schlußmachen mit dem Rauchen derart beeindruckt hat, habe ich dich zum Vorbild genommen und die Qualmerei seit immerhin nun fast einer Woche) ebenfalls eingestellt. Also, enttäusch mich nicht und fang bloß nicht wieder an. Und wenn du dich spätestens nächstes Jahr auch noch zum (Halb)marathon anmeldest, glaube ich tatsächlich daran, daß Veränderungen im Leben machbar sind. Mich selbst habe ich bei diesen Untersuchungen vorsorglich ausgeklammert, da ich zu instabil bin. Das nur so nebenbei.
Gruß

Hallo!
Es freut mich sehr, daß Du beim Nichtrauchen dabei bist. Ich halte immer noch durch und habe mir gleichzeitig auferlegt, kein Bier zu trinken. Bier und Zigarette passen einfach zu gut zusammen, da wäre die Versuchung zu groß, das eine Laster mit dem anderen zu verbinden. Wenn man weiß, daß der Wille schwach ist, muß man vorsorgen, habe ich mir gedacht, in diesem Fall indem ich das Bier vorsorglich auch eine Zeit lang weglasse. Solche "präventiven Vermeidungsstrategien", die das Aufkommen von unerwünschten Handlungstendenzen im Voraus verhindern sollen, untersuche unter anderem gerade bei den MDQM-Jugendlichen. Eigentlich habe ich die Idee aber von meinem Bruder geklaut, der auch ein paar Monate dem Bier entsagt hat, um das Nichtrauchen durchzuhalten. Er hat es auch geschafft und genehmigt sich inzwischen auch wieder gerne ein Bierchen ohne in Versuchung zu geraten, sich eine Kippe anzustecken. So mußte C (der übrigens auch seit einiger Zeit nicht mehr raucht) am Freitag unser traditionelles Wochenend-Jever alleine trinken und auch mein Papa mußte beim sonntäglichen Zoobesuch zusehen, wie ich mir eine Brause bestellte. Anderen beim Biertrinken zuzusehen, fällt mir nicht schwer, ganz im Gegensatz dazu, beim Biertrinken nicht zu qualmen. Am Sonnabend haben wir übrigens eine ausgiebige Fahrradtour an der Spree entlang gemacht. Ich glaube für den Halbmarathon reicht es trotzdem noch nicht ganz. Ehrlichgesagt fühle ich mich auch noch nicht fitter als vorher. Aber ich habe auch erst am 24.04. aufgehört, vielleicht kommt es ja noch.
Zum Scannen: Bei dem Programm, das bei meinem Scanner dabei war, kann man vor dem Scannen die Größe in Prozent einstellen. Ansonsten müßte man

die Bilder wohl mit einem Bildbearbeitungsprogramm verkleinern, das habe ich aber nicht. Bei Windows ist allerdings automatisch das "Paint"-Programm mit dabei. Wenn Du damit Dein Foto öffnest, mußt Du bei „Bearbeiten" auf "Alles markieren" gehen, dann kannst du einfach auf eine Ecke des Bildes klicken und es kleiner ziehen.
Steffi hat sich noch nicht gemeldet. Am Freitag wird V sich wohl nicht aufrappeln können, noch wegzugehen. Da ist sie immer von 8 bis 20 Uhr unterwegs und anschließend dementsprechend k.o.
Bis demnächst

Hallo!
Seit dem 24.04. bin ich clean. Ich habe mir vorgenommen, mit dem Biertrinken zu meinem Geburtstag wieder anzufangen. Dann habe ich genau 4 Monate Nikotinentzug hinter mir und dürfte soweit darüber hinwegsein, daß ich mir auch ein paar Bierchen genehmigen kann, ohne gleich den unüberwindlichen Drang zum Qualmen zu verspüren. Wenn ich nichts trinke, habe ich nur sehr selten das wirkliche Bedürfnis mir eine anzustecken, eigentlich nur in stressigen Situationen, und die habe ich glücklicherweise selten. So zum Beispiel mein letzter Termin bei meinem „Doktorvater". Solche Termine sind selten, er ist ein vielbeschäftigter Mann. Deshalb ist er auch meistens nicht vorbereitet. Wenn ich ihn wirklich gedrängt habe, im Vorfeld etwas zu lesen, ist er sauer, daß er Zeit mit mir verschwenden mußte. Aber diese Tatsachen waren mir bereits bekannt und hatten daher noch nicht das Potential, Nervosität auszulösen. Auch die Tatsache, daß ich bei ihm immer eine Stunde nach dem vereinbarten Termin rankomme, war mir bekannt und konnte mich nicht schockieren. Ich holte also meine FAZ aus der Tasche und begann gemütlich zu lesen. Ich hatte den einzigen Stuhl auf dem Flur, ein anderer Wartender kam nach mir und mußte stehen. Er lief dauernd auf und ab und probierte dabei durch, welche der genoppten DDR-Gummifließen, mit denen der Flur ausgelegt war, beim Betreten am meisten knarrten. Nach einer Viertelstunde fing er an zu schnaufen, nach einer halben Stunden zu stöhnen, bis er schließlich einen Zettel in die Tür klemmte und verschwand. Ich konnte mich angesichts dieses extrovertierten Leidens nicht auf meine Zeitung konzentrieren. Hinzu kam, daß auch die wissenschaftlichen Mitarbeiterinnen des Professors auf ihn warteten. Anschei-

nend war eine Präsentation verabredet und sie liefen wie aufgescheuchte Hühner hin und her, gakkerten und schlugen die Türen. Das steckte an. Da ich nicht auch neurotisch hin- und herrennen wollte, mußte ich diesen Drang unterdrücken. Dabei verspürte ich das dringende Bedürfnis, mir eine anzuzünden, was ich natürlich nicht tat.
Anderen beim Biertrinken zuzusehen, fällt mir hingegen leichter als ich dachte. Allerdings hilft da bei mir auch nur die absolute Null-Toleranz, was den eigenen Alkoholkonsum betrifft. Mal eben ein bis zwei Bierchen trinken und dann gesittet aufhören und ein Perrier und eine Zitronenscheibe bestellen geht bei mir nicht. Bis zu meinem Geburtstag lasse ich es deshalb ganz. Bei Eurer Hochzeit werde ich also voraussichtlich wieder richtig zuschlagen.
C war beim Sisters-Konzert und fand es scheiße. Andrew hätte gekrächzt wie ein alter Blecheimer. Ich gehe demnächst mit meinem Papa zu Klaus Doldinger in die Philharmonie, also ein Konzert, bei dem man kaum in Versuchung zum Nikotinmißbrauch kommen dürfte. Ich bin dementsprechend zuversichtlich durchzuhalten.
Beste Grüße

Hallo!
Vielen Dank für die Urlaubsgrüße. Ich hoffe, Ihr habt weiter viel Spaß in Portugal. Ich habe die letzten zwei Monate eine portugiesische Familie in Hellersdorf betreut. Der Vater war natürlich Bauarbeiter, wie alle Portugiesen in Berlin. Er erklärte mir, daß die Portugiesen hier deshalb so gerne eingestellt würden, weil sie sich weniger um die Sicherheitsvorschriften kümmerten als die Deutschen und deshalb einfach schneller seien. Von dieser Schnelligkeit habe ich selbst in Portugal allerdings nichts bemerkt. Ausgenommen davon ist der Straßenverkehr. Da hupt man gerne ausgiebig, wenn es nicht schnell genug weitergeht und schreit den vermeintlichen Übeltätern noch hinterher, wenn die schon gar nicht mehr zu sehen sind.
Hattet Ihr auch ein Auto gemietet, oder habt Ihr Euch diesem Streß nicht ausgesetzt? Wirklich schneller wird der Verkehr davon glaube ich auch nicht. Und an der Supermarktkasse pocht meine preußische Halsschlagader dort genauso wie in Brasilien, wenn gemütlich jeder Gegenstand mit einer ausholenden Bewegung auf die andere Seite der Kasse befördert und dann sanft auf der anderen Seite aufgesetzt und dabei ein Schwätzchen mit der Lieblingskundin oder der Kassiererin von Nebenan gehalten wird. Aber die Bauarbeiter übernehmen die preußischen Tugenden wahrscheinlich sofort , wenn sie nach Deutschland kommen und kombinieren sie mit portugiesischer Leichtsinnigkeit zu unglaublicher Schnelligkeit.
Der Hellersdorfer Portugiese plauderte jedenfalls gleich beim ersten Treffen freimütig aus dem Nähkästchen. Als erstes erklärte er mir gleich, wo man im Internet die Codes heraussuchen muß, um die portugiesischen Fernsehsender „kostenlos" empfangen zu können. Wenn man sich das nicht raus-

suche, müsse man 20 Euro pro Monat bezahlen, so doof könne doch keiner sein. In der Schule sei er aber immer sehr trottelig gewesen, was sich wohl auf seine Kinder vererbt habe. In seiner Tochter stecke wahrscheinlich außerdem noch der Geist einer verstorbenen Verwandten, deshalb verstecke sie immer die Sachen der Anderen und ziehe sich selbst nackt aus (in der Schule). Die Lehrerin war natürlich auch schuldig, sie erzähle sogar, seine Tochter sei eine Nutte. In Wirklichkeit hatte sie gesagt, die Tochter sei ein bißchen schlampig mit ihren Schulmaterialien. Die Mutter hatte daraus gemacht, ihre Tochter sei eine Schlampe und dem Vater das mit „Puta" übersetzt, was ungefähr dem Niveau des von mir genannten Wortes entspricht. Er hatte das für bare Münze genommen, in seiner Vier-Klassen-Dorfschule in Portugal war das wahrscheinlich denkbar, daß die Lehrerin solche Kommentare abgibt.

Bei meinem letzten Besuch waren dann die Tür- und Klingelschilder abgebaut und die Familie zurück nach Kreuzberg gezogen. Ich hoffe, das lag nicht an mir. Der Verein, bei dem ich arbeite, will mir jetzt die Stunden, die ich im Mai noch bei den Portugiesen gearbeitet habe nicht bezahlen, weil die Sozialarbeiterin vom Jugendamt die Hilfe noch nicht verlängert hatte und jetzt auch nicht mehr verlängern will, da sie ja weg sind. Ich höre da auch demnächst auf. Einen Festvertrag wollen sie mit mir sowieso nicht machen und nach zwei Ein-Jahre-Verträgen geht es nun nicht mehr befristet. Da müssen jetzt andere an der Befriedung von Hellersdorf weiterarbeiten. Die Bedingungen werden da immer schlechter. Unser Verein bezahlt auch keine „nicht fallbezogenen Stunden" von denen sie automatisch vom Jugendamt 25% der gesamten Arbeitszeit überwiesen bekommen. Nur sehen die

Familienhelfer davon fast nichts (nur die Teamsitzungen werden bezahlt und das sind bei weitem keine 25% der Arbeitszeit. Also für den Verein (der jetzt kein e.V. mehr ist, sondern eine gGmbH) fast 25% vom Umsatz zusätzlicher Gewinn, ganz abgesehen davon, daß man uns ohnehin nur rund ein Drittel davon ausbezahlt, was das Jugendamt für eine Arbeitsstunde überweist. Wo das Geld bleibt, darüber will ich mir mal lieber keine Gedanken machen.
Gestern war ich beim Konzert von Doldinger, dem Erfinder der genialen Tatort-Musik. Mein Papa holte mich mit seinem Kumpel ab und wir besichtigten den ehemaligen Stasi-Knast in Hohenschönhausen. Dort machen ehemalige Häftlinge die Führungen, das war sehr interessant, denn zu sehen gibt es natürlich nicht allzuviel. Die Zellen sind alle gleich, aber es gehört schon dazu, die Beklemmung dieses Ortes zu fühlen, während man den Erzählungen lauscht. Das ist dann etwas anderes als ein Fernsehbericht.
Doldinger spielte in der Philharmonie und machte eine Retrospektive, begann mit seinen alten Jazzer-Veteranen aus den 50ern und 60ern, spielte aus den alten Hippie-Zeiten auf und präsentierte sich schließlich als moderner Weltmusiker. Tatsächlich ein beeindruckendes Konzert. Bei der Zugabe tauchte auch noch Udo Lindenberg auf, der bei Doldinger das Schlagzeugspielen gelernt hatte und drummte ein wenig, konnte aber bei weitem nicht mit den anderen Musikern mithalten.
Viel Spaß noch mit den Portugiesen, ich beneide Euch ein bißchen, hier ist das Wetter nämlich äußerst bescheiden.
D

Gespenstisch war es im Vorfeld. Ein zufälliger Blick auf die Webseite ergab die völlig überraschende Nachricht, Current 93 spielen in Berlin. Ich begab mich also auf die Suche nach Karten. Bis auf eine kleine extrem teure Berliner Firma vertrieb aber niemand Karten, es gab noch nicht einmal Hinweise auf die Veranstaltung selbst. Schlimmer noch, auf e-bay wurden bereits Karten mit dem Hinweis versteigert, die beiden Konzerte sind ausverkauft. Erst die Internetseite der Volksbühne ergab Klarheit, das Konzert war ausdrücklich noch nicht ausverkauft und es konnten telefonisch Karten bestellt werden. Wunderbar!
Montag: Auf dem Weg zum Glück liefen mir in der Prenzlauer Allee drei finstere Gestalten aus der Jugendbewegung der "Grufties" entgegen. Ausgestattet mit viel zu langen Haaren, Schminke, schwarzen Kleidungsstücken und ohne jeden Orientierungssinn, hörte ich schon aus der Ferne die Worte: "Eyh, guck mal, wo will der denn da vorne hin?" Da war auch schon die rote Ampel und ich hatte sie an der Backe: "Eyh (Verwandte von M?), wo ist denn hier die Volksbühne?" Ein kurzes "Folgt mir!" von meiner Seite mit entsprechender Handbewegung und ich wußte, ich kann meine übliche Schrittgeschwindigkeit vergessen. So war es dann auch, die letzten hundert Meter dauerten wahrscheinlich genau so lang wie der Kilometer, den ich vorher schon gelaufen war. Auf der Hälfte der Strecke wollten die dann auch noch vom Kurs abweichen. Also eingreifen: "Hier lang!", meinen Weg zeigend.
"Willst du auch da hin?"
"Hmm."
"Warst du gestern schon da?"
"Nee."
...-...-...-...-
Ich: "Wir sind da." ... und weg.

Die Volksbühne ist für Konzerte dieser Art ideal geeignet. Die Garderobe ist kostenlos und im Saal darf nicht geraucht werden, ein richtiges Theater halt. Für alle die noch nicht dort waren: Immer an der Schlange auf der rechten Seite anstellen, falls auf einen guten Platz Wert gelegt wird. Ist die Kehle ausgetrocknet, muß vorher auf der linken Seite mit dem Kauf eines Getränks Abhilfe geschaffen werden. Dann aber fix hinüber nach rechts, dort ist die Schlange immer viel kürzer. Links sind nicht nur die Getränke, auch die Raucher- und Merchandisingecken befinden sich dort. Ach ja, ... und die Klos! Ein Platz in Reihe drei war der Lohn.
Saal voll, Türen zu, kann also losgehen. Ganz klassisch, das Licht wird langsam gedämpft. Langes violettes Kleid, lange dunkle Haare, Idealfigur: Maja Elliot hieß die erste Künstlerin und sang mit einem Mix aus klarem Ton und raffiniertem Hauch. Den Flügel bediente sie ganz nebenbei auch noch und das mit unüberhörbarer klassischer Ausbildung. Sie flog über die Tasten. Das Publikum konnte sich schon mal warm klatschen. Licht an - Pause.
... und wieder aus. Pinkes ärmelloses Shirt, beige Hose, lange blonde Haare mit Pferdeschwanz und Strähnen an der Seite, Bierbauch: Simon Finn hieß der nächste. Diese völlig verlotterte Gestalt machte Akustikgitarrenmusik in bester Songwriter Tradition. Hervorragende Stücke und eine sehr ausdrucksstarke Stimme brachten die Laune auf einen ersten Höhepunkt. Der Mann war außergewöhnlich und erhielt schon sehr starken Beifall. Licht an - Pause. Es wird langsam kribbelig spannend! Jedem war klar, wenn das Licht wieder schwächelt, geht's los.
Na los: Auf der weißen Leinwand erscheint eine Art psychedelische Komikfigur. Ein lächelnden Mund sowie zwei Augen sollte jeder erkennen können, der

Eindruck läßt sich nicht wiedergeben. Die Figur wurde in ständig wechselnden Farbton geworfen. Dann wurde Musik eingespielt. Eine bekannte fröhliche Keyboardmelodie wurde angestimmt, mittendrin abgehackt und ständig wiederholt. Nur verdammt noch mal, welcher wahnsinnige Mensch trug für die Tonregie Verantwortung?! Die Monotonie der sich wiederholenden Melodie hielt so ungefähr 10 Minuten an. Es war nur leider viel zu laut! Ich wurde richtig sauer. Die Situation schien aussichtslos, mein ganzes Konzertleben zog noch einmal an mir vorbei. All die vielen E-Gitarren, Schlagzeuggewitter, Baßzerstörer und Schreihälse die ich schon in meinem Leben gesehen hatte. ... Und ausgerechnet der Theatersaal der Volksbühne während eines Current 93 Konzertes sollte die letzte Station meines Hörsinns sein? O.K., immerhin ein würdiger Tod, nur glaubt mir das später keiner!
Maja Elliot betritt die Bühne und mit ihr die Hoffnung, die Livemusik möge leiser sein. Nach und nach kommen alle herein, auch Simon Finn ist wieder dabei. Auf der Bühne haben sich acht Leute versammelt: Maja am Flügel, eine dickere Frau zwischen 30 und 40 am Akkordeon und an der Harfe, ein Zwanziger und ein Dreißiger an den E-Gitarren, Simon Finn an der Akustikklampfe, eine gut aussehende strohblonde Frau an der Geige, ein weiterer junger Mann am Cello und ein älterer Herr mit ein paar Haarüberresten an einer weiteren Geige und einer Art E-Ukulele (oder was auch immer das war). Die einleitende Melodie verklingt, ein kurzer Moment erholsamer Stille. Der Beginn eines historischen Ereignis. Er hatte keine Wahl, jetzt mußte er kommen, David Tibet betrat also die Bühne. Ein schlanker Herr, eher klein, vielleicht etwa meine Größe, bekleidet mit einem pinken T-Shirt und einer braunen Jacketjacke und passender Hose. Er

hatte lockiges drei bis vier Zentimeter langes Haar. An der Mitte des Hinterkopfes, der Stelle also, an der ein unbekannter Mechanismus unseres Gehirns bei Männern ab 25 die Haare oft verschwinden läßt, hatte er ein paar Härchen zu einem Gnubbelschwänzchen zusammen gebunden. Die Badelatschen rundeten das Bild ab. Diese zog er aber sofort aus und begann dann lustige Bewegungen zur Musik zu machen, vergleichbar mit diesem typischen Bild, des mit Extasy vollgepumpten Tekkno-Freaks, der sich auf einen Seniorenball verirrt und die nicht vorhandenen 16tel Noten hippelt. Jedenfalls schafft sich Herr Tibet so seinen Freiraum und taucht in die Welt seiner Musik ein aus der ihn die nächsten eineinhalb Stunden auch niemand mehr rausholt. Nach den ersten vier oder fünf Stücken hatten sich dann auch meine Ohren erholt, ich konnte das Konzert jetzt genießen. Diesen Mann live zu erleben, läßt sich nicht beschreiben. Die Stücke entwickeln eine Intensität, die auf CD nicht erreicht werden kann. Ständig dieses Gehippele, immer wieder geht er schwungvoll kleinste Akzente der Band mit und unterstützt die Worte mit starker Gestik. So geht er zum Beispiel in einem Moment in die Knie um im nächsten wieder auf den Rand der Bühne nach vorn zu springen und alles zur Unterstützung der Worte. Worte, Worte, Worte: Da war dieser Typ schräg hinter mir, während des ganzen Konzertes konnte er nicht seine Klappe halten. Einfach unfaßbar wie er so taktlos sein konnte, er hätte doch in'ne Kneipe gehen können, wäre auch günstiger. Es wäre wohl vergebene Mühe aufzuzählen welche Songs er spielte, welche vermißt wurden, da kennt ihr euch nicht aus. Bei einigen Stücken mußte ich jedenfalls ganz schön schlucken. Irgendwann ist immer das letzte mal, vorläufig. So ist das nun mal bei Konzerten, die Leute standen beim Abtritt auf, stehende Ovationen für den Meister. Dann gab es eine ausgedehnte Zugabe, gekrönt mit dem Stück "Oh Coal Black Smith". Ein Song an dem ich mich schon vor zehn Jahren an der Gitarre versuchte, was zugegeben auch sehr einfach ist, dazu sprang er noch mal wie ein Irrer über die ganze Bühne. Abtritt, das Licht ging an. Ende? Nein! Die Leute sprangen von ihren Sitzen auf und applaudierten und applaudierten und applaudierten und applaudierten und pfiffen und applaudierten und applaudierten und pfiffen und schrieen und applaudierten (tut ruhig so als würdet ihr das noch 'ne Weile lesen). Das Licht blieb an und einige gaben auch schon auf und verließen den Saal. Die meisten aber blieben stehen und appl... das hatten wir schon, lest noch mal die Zeilen vom vorvorletzten Satz. Zehn Minuten oder länger? Das läst sich nur schwer einschätzen und ist auch egal. Er kam noch mal raus mit Maja im Schlepptau. Wieder stand ich unter Wasser! Dann setzte er sich auf einen Stuhl und begann zu erzählen. Er bedankte sich beim Publikum für die Unterstützung in den 25 Jahren der Band und betonte wieviel es ihm immer bedeutet hat, daß so viele Leute hinter ihm standen, während er immer wieder versuchte mit seinen apokalyptischen Songs, Wände einzurennen. Bewegende Momente, die selten sind. Ihr erinnert euch sicher an den Augenblick als Kai-Uwe alle Assistenten auf die Bühne holte. Current 93 nehmen Abschied und ich kann es eigentlich immer noch nicht fassen. Das kam dann doch total überraschend. Eine Band die keine Konvention kannte, die eine Bandbreite hatte, die ihres gleichen sucht. Von den nihilistischen Anfängen der Crowley-Ära mit dem damaligen Freund DP, der dann leider diese Horst-Mahler-mäßige Karriere machte, über spätere bahnbrechende Alben wie "Earth Covers Earth" oder "The Inmost Light". Texte, um die Vergänglichkeit von Macht, von Leben, von Besitz, von allem Weltlichen, um Spiritualität. Am Ende steht immer, für mich ist es die Quintessenz aller großen Kunst, die Liebe. Zusammenleben auf der Basis von Toleranz, Offenheit und Solidarität. Dann hatte er noch eine Überraschung parat, noch ein letztes Stück, begleitet von Maja am Klavier. ... am Ende des Stückes, die sich wiederholende Zeile "let's have a walk on the moon of love". Das waren 25 Jahre Apokalypse. Das waren Current 93 - - - - ... .

Es ist vorbei, scheiße

P.S.: Für das letzte Album wurde noch mal mit vielen bekannten Künstlern zusammengearbeitet, z.B. Marc Almond oder Antony von Antony & the Johnsons.

Ich gratuliere herzlichst zum Jubiläum und stoße mit einem Gläschen Apfelsaftschorle auf Dich an. Wobei ich zugeben muß, am Abend des Grand-Prix-Hauptentscheides ein bis zwei Gläschen Sekt konsumiert und so meine Vorsätze etwas abgemildert zu haben. Aber C tauchte hier mit einer Flasche Rotkäppchen auf, V hatte gerade Antibiotika gegen ihre Stirnhöhlenvereiterung eingeworfen und ich konnte den alten Freund ja nicht alleine trinken lassen. Der Alkohol half auch dabei, die musikalischen Beiträge des Abends zu überstehen. So etwa die russische Sängerin, die es sich zur Aufgabe gemacht hatte, immer genau anderthalb Töne neben der Begleitmusik zu singen. Lordi hatten tatsächlich den eingängigsten Song des Abends, auch wenn er stark an eine Mischung aus Manowar und Alice Cooper erinnerte. Aber Du hast es sicherlich auch verfolgt und ich brauche das nicht weiter auszuführen.
Gestern war ich mit C auf dem Karneval der Kulturen und mußte mir dann doch ein Bier genehmigen, nachdem die Lücken zwischen den Wagen mindestens doppelt so viel Zeit einnahmen, wie das Vorbeiziehen der Wagen selbst. Du siehst, meine Vorsätze weichen so langsam auf, nicht aber in bezug aufs Rauchen. Wir sahen uns das Schauspiel jedenfalls noch eine Weile an und zogen dann weiter zur lateinamerikanischen Bühne. Als dort die Umbaupause zuende war, fing es an zu regnen und wir machten uns bald auf den Weg in die Scharnweberstraße und verbrachten noch einen gemütlichen Abend vor der Glotze, wie es sich in unserem Alter geziemt. Habt Ihr eigentlich mitbekommen, daß E verstorben ist? Das war eine sehr ergreifende Folge. Dann tauchte auch noch A wieder auf, nachdem er M bei der Hochzeit hatte sitzen lassen. Dafür hat ihm Klaus gleich erst mal die Nase blutig

gehauen. Schließlich arbeitete er sich doch noch zu M durch, flehte um Verzeihung und mit dem Kameraschwenk auf die geschmähte Braut ertönte die Schlußmelodie.
Am Mittwoch gehe ich mit meinem Papa zum Clapton-Konzert in die Wuhlheide. Davon hat er sich auch durch seinen Geburtstag ich abhalten lassen, auf dessen Begehen er sonst großen Wert legt. Aber den wird er sicherlich zum Wochenende hin gebührend nachfeiern. Dir wünsche ich eine schöne Festa em Portugal.
Um abraço

Hallo,
sind wohlbehalten aus Portugal zurück gekommen. Es hat sich seit meinem letzten Besuch vor 8 Jahren wenig verändert. Zunächst haben wir uns das Kleinod am nördlichen Ende der Algarve "Odeceixe" gegeben, was noch immer ein Geheimtip ist. Von dort aus haben wir viele Touren gemacht: nach Sagres, woher auch das gleichnamige wohlschmekkende Bier kommt, nach Lagos - unzählige Kloster, Burgen und Castelos wurden aufgesucht. Gefliese Kirchen mit viel Gold. Überall brüten Störche. Wir waren in den Bergen von Monchique - dort haben wir selbstgebrannten Erdbeerbaumschnaps (Mondronho) verkosten müssen, so daß K fast nicht mehr Auto fahren wollte. Man kannte kein Erbarmen. Danach über Odemira nach Evora- fantastische alte Stadt. Im Landesinneren besuchten wir eine große Ansammlung von Megalithen in Gualalupe, das Aquädukt von Elvas, an dem fast 100 Jahre gearbeitet wurde - was nicht wundert, wenn man begreift, wie langsam Portugiesen ticken. In Estremoz wird Marmor abgebaut - die ganze Stadt ist aus Marmor, sogar das Kopfsteinpflaster, die Treppen - alles eben- es ist unbegreiflich, zumal die Stadt einen sehr heruntergekommenen Eindruck macht. Das sieht sehr komisch aus: Wunderschöne Häuser, die auseinander fallen, wo doch das "weiße Gold" vor der Haustür liegt. Aber aus Faulheit importieren die Portugiesen auch kalifornische Mandeln und ernten ihre nicht...
Unterhalb von Lissabon waren wir am Strand von Ericeira, auch sehr hübsch und prima Meeresfrüchte. Sintra, Queluz und Mafra mit ihren Schlössern u. Castelos lassen auch den vergangenen Reichtum erahnen. Abschließend noch 2 Tage Lissabon - das fällt auch immer mehr auseinander. Einzig das Ozeanario und die anderen Objekte auf

dem Expo-Gelände befinden sich in einem exzellenten Zustand. Dort haben wir beim Brasilianer gegessen - gute Idee von Dorni. Die Straßen wurden wohl von der EU gesponsert - fantastisch ausgebaute Straßen und fast keine Autos drauf - da läßt es sich gut fahren. Letztendlich saß das Geld doch sehr locker - vielleicht findet man dafür eine gute Verwendung für das Land - es kann es gebrauchen.

Hallo!
Der Reisebericht hört sich richtig gut an. Über die Langsamkeit der Portugiesen beim Bauen gibt es ja wie bereits berichtet unterschiedliche Meinungen, leider kann ich wie bereits berichtet das Beispiel Aquädukt mit meinem Portugiesen nicht mehr ausdiskutieren, denn zumindest beim Umziehen scheinen sie wirklich schnell zu sein. Ich beneide Euch ein bißchen um Eure Reise, denn hier war das Wetter unter aller Würde und G ist schon wieder erkältet, so daß wir fast nur zuhause gesessen haben. Am Dienstag haben wir den Kleinen (1 Meter) für ein paar Tage nach Rathenow verschickt. Da kann er sich auf dem Lande richtig auskurieren und wir holen ihn am Wochenende wieder ab. Dann können wir auch gleich die Landesgartenschau besuchen, von der die Rathenower nach anfänglichen Nörgeleien ganz begeistert sind.
Gestern konnten wir dadurch mal wieder gemeinsam zum Konzert gehen. Wir sahen uns Eric Clapton an. Er ist schon ein großer Künstler auf der Gitarre und wurde natürlich auch von Leuten begleitet, die ihr Handwerk mindestens genauso gut verstehen. Mir ist er allerdings immer etwas zu nüchtern, sowohl was sein Auftreten betrifft, als auch seine Musik. Man möchte ihm immer zurufen: Zieh doch mal wieder eine Line und laß das Innere nach Außen! Das würde ich aus moralischen Gründen natürlich nicht machen, außerdem würde er mir wohl auch nicht zuhören. Er hat seinen Mitmusikern viel Platz für Soli gegeben, aber wenn man an einer Stelle das Gefühl hatte, jetzt müßte es eigentlich richtig abgehen, kam die Normalität mit dem guten alten bluesigen Rhythmus der Strophe wieder zurück. Clapton ist sozusagen der menschgewordene musikalische Koitus Interruptus. Wir hatten ganz gute Plätze in der Wuhlheide,

denn mein Papa und sein Kumpel waren schon um 16 Uhr da und haben uns was freigehalten. Es war auch nicht ganz ausverkauft, das lag wahrscheinlich am stattlichen Eintrittspreis, aber das ist ja leider inzwischen normal.
Laßt es Euch gutgehen

Ola liebe Freunde,
es wird mal wieder zeit, daß ick mir melden tu. Wenn man den Fernsehbildern glauben darf, dann scheint ja tatsächlich in D-land so was wie Fußballeuphorie ausgebrochen zu sein. Was gibt's sonst neues bei Euch? Endlich auch Sommer, wenn man die Wetternachrichten anschaut. Ich war ein paar Tage mit einem dänischen Freund in Manaus, am Amazonas. Indianer, Affen, Piranhas (4), schlangen (zwei) und Wasser (viel) angucken. Sehr interessant, weit weg, aber es gab überraschend wenig Tierleben zu sehen. Die ganze Gegend steht jetzt in der Regenzeit unter Wasser, wahrscheinlich sind die meisten ertrunken oder weggeschwommen. S hat sich auch mal wieder gemeldet und wollte uns besuchen. Mittlerweile hat sie auch die Wohnung verkauft, dafür eine Videothek erworben, die mittlerweile pleite ist. Die beiden Töchter sind beim Vater gelandet. Also, alles ist irgendwie schiefgegangen im Leben. und das alles, um endlich einen Ehemann oder so was ähnliches zu ergattern, der zufällig ohne Job und jegliches Einkommen ist. Aber vielleicht kommt sie eines Tages auf den Trichter. Wahrscheinlich eher nicht. Ansonsten geht hier alles seinen langsamen brasilianischen Gang. Das war's für heute.
Genießt den Sonntag
Ate logo

Hallo!
Schön, wieder von Dir zu hören. Hier ist tatsächlich das Fußballfieber ausgebrochen. Die Leute schmücken ihre Autos mit kleinen Fähnchen, die man in den oberen Türrahmen klemmen kann, wie ich sie das erste Mal 1998 in Brasilien zur Weltmeisterschaft gesehen hatte. Allerdings mißt hier die Polizei nach, ob die Fahnenstängchen nicht über die erlaubte Länge hinausgehen, ansonsten werden sie konfisziert. Auch die Polizisten hatten ihre Einsatzwagen mit allerlei Deutschlandfahnen geschmückt, was ihnen aber jetzt wegen ihrer Neutralitätspflicht verboten wurde. Tatsächlich wäre diese Beflaggung sicherlich nicht besonders zuträglich, wenn die Polizei beispielsweise schlecht gelaunte Holländer zu beruhigen hat, deren Mannschaft gerade gegen die Deutschen verloren hat. Natürlich vorausgesetzt es kommt soweit. Wir werden uns heute auch das Brasilienspiel ansehen, aber ohne großes Fangehabe und gemütlich zuhause. Eigentlich wollten wir in die Waldbühne gehen, wo das Spiel auf Großleinwand gezeigt wird und vorher brasilianische Bands spielen, aber V muß wieder lange arbeiten. Es ist gerade ein brasilianisches Kulturfestival in Berlin und viele Bands spielen, leider haben wir das zu spät mitbekommen und die Karten sind bereits alle ausverkauft. Die Eintrittspreise lagen bei 3 Euro, das hätten wir uns mehr beeilen müssen. Der Berliner Senat scheint da mal wieder was zugeschossen zu haben. Bei den über 60 Milliarden Schulden, die dieses Bundesland hat, fällt das auch nicht weiter auf. Mit G hat unsere kleine Familie also jetzt bereits rund 60.000 Euro Schulden, die wir aber glücklicherweise durch einen Umzug in ein anderes Bundesland drastisch reduzieren könnten. Oder nach Brasilien, ich glaube so hoch ist die Pro-Kopf-Verschuldung nicht mal

dort, zumal man ja hier auch noch die Schulden des Bundes dazurechnen müßte. Das wäre nur noch mal 20.000 pro Nase.
In Manaus war ich auch im Dezember 1998. Es herrschte Niedrigwasser auf dem Amazonas, trotzdem war dieser Strom noch von beeindruckenden Ausmaßen. Ich habe eine Bootstour unternommen, auf der wir ebenfalls Piranhas angelten, bis ein Affe unsere Köder (kleingeschnittenes Fleisch) wegfraß. Auf dem Unterhafen war es so voll, daß wir vom Steg aus erst mal über unzählige andere Boote, die eine am anderen angebunden waren, zu unserem „Traumschiff" durchkämpfen mußten. Das war mir völlig unverständlich, wie dieses System funktionierte. Aber was nach Chaos aussah, muß wohl irgendein System gehabt haben, denn sonst wären wir ja nicht losgekommen. Unser Führer war ein Indio, der uns durch die üppige Vegetation führte und auch ein kleines Krokodil zur näheren Begutachtung einfing. Außer den genannten und einer Schlange haben wir auch wenig Tiere gesehen. Wahrscheinlich ist ein Großteil der Fauna schon aus diesen Touristen- und Industriezentrum in unberührtere Landesteile geflohen. Lediglich Mükken gab es ausreichend. Die Bootstour war mit Übernachtung in der Hängematte, da mußte ich einige Caipirinhas hinunterschütten, bevor ich trotz der Urwaldgeräusche und des Surrens der Mücken in den Schlaf fand.
Beste Grüße

Hallo Ihr Lieben!
Vielen Dank für den Brief und das schöne Foto. Wir waren diese Woche auch mit dem Fahrrad unterwegs. Nachdem wir uns am Mittwoch – V hatte frei, ich nutzte einen abgesagten Termin an der Uni - vom Bahnhof Nikolassee aus in ein Villenviertel und zu etlichen Seglervereinen verirrt hatten, die jeweils den Zugang zum Wasser blockierten, fanden wir doch noch einen einsamen kleinen Stand. Wir saßen auf Schwanenwerder im Schatten einer uralten Platane, die ihre bemoosten Äste waagerecht zum Wasser über uns ausstreckte. V hatte Brote geschmiert, von denen G zunächst bereitwillig an eine nahende Entenfamilie abgab. Als diese sich allerdings nicht zufriedengab und sich die Kreise, in denen sie uns umwanderte, stetig zusammenzogen, verscheuchte er sie mit Stockwedeln und „Hau ab, hau ab!" - Rufen. Das Wasser war sehr flach und warm und G konnte gut zwanzig Meter hineinlaufen. Papa und Mama mußten ihn dabei wechselnd begleiten.
Gestern boykottierten wir das Spiel der Deutschen gegen die Schweden und machten uns auf den Weg zum Müggelsee. Wir stiegen an der S-Bahn in Rahnsdorf aus, radelten durch den Wald zur BVG-Fähre am Müggelwerder und setzten von dort aus zum Müggelhort über. Wir radelten bis zu einem kleinen Strand, wo wir diesmal ohne von Enten belästigt zu werden picknickten und badeten. Wir fuhren weiter bis zum Spreetunnel, den wir nach Friedrichshagen durchquerten und auf selbiger S-Bahn-Station den Heimweg antraten. Es waren noch einige andere Radler und Spaziergänger rund um den Müggelsee unterwegs, angesichts des WM-Fiebers hätte ich mit noch mehr Ruhe gerechnet. Aber überlaufen war es auch nicht gerade. Auf dem Rückweg begegneten uns die hupenden Autokorsos

mit wehenden Fahnen. Von Lichtenberg bis Marzahn sind die Wohnungsfenster beflaggt wie einst am ersten Mai, nur Hammer und Zirkel im Ährenkranz fehlen. Bei uns im Friedrichshain wird mit den nationalen Symbolen etwas zurückhaltender gewirtschaftet. Wenn die Deutschlandfahne gezeigt wird, dann meist multikulturell korrekt kombiniert mit der brasilianischen Flagge. Alle Fans träumen von einem Endspiel gegen Brasilien, die Gelb-Blauen sind hier stark in Mode. Dementsprechend habe ich die Kombination mit der brasilianischen Flagge auch schon in Hellersdorf gesehen. Hier im Friedrichshain sieht man auch noch anderes. Der ehemalige Bezirksbürgermeister, der über uns wohnt, hat sein Auto und das Fenster mit spanischen Fahnen geschmückt. Dabei dachten wir, er wäre Grieche, da er unsere Heiratsurkunde mit „Helios Mendiburu" unterschrieben hat.

C kommt zu jedem Spiel der Brasilianer vorbei. Dann gibt es Jever und V hängt die brasilianische Fahne ins Fenster und reagiert allergisch auf ironische Kommentare von C über das Spiel der Brasilianer und auf das Lästern der Reporter über Ronaldos Gewichtsprobleme. Nach dem letzten Spiel sind diese Stimmen wohl auch weitgehend verstummt.

Beste Grüße

Hallo F!

Schade, daß Du gestern nicht konntest. Ich bin kurz nach Deinem Anruf mit G nachhause gekommen. Er wollte gar nicht weg aus dem Kindergarten, weil sie Die Pumpe angestellt hatten und er Wasser auffangen und verteilen konnte. Vom Wasser ist er nur schwer wegzubekommen. Leider erkältet er sich da auch schnell, wie seine Eltern auch.

C war - wie bei jedem Brasilien-Spiel dieser WM – gestern hier. Wir haben lecker gegessen und Jever

getrunken, ich hätte auch ein Hefeweizen für Dich parat gehabt. V war beim Brasilien-Spiel noch bei der Arbeit, weshalb sich die Stimmung in Grenzen hielt. Bei Spanien-Frankreich hat C richtig mitgefiebert, er ist traditionell Frankreich-Fan. Ich glaube, wenn er zu Frankreich-Brasilien auch vorbeikommt, könnte es zu ernstzunehmenden Ausschreitungen zwischen rivalisierenden Fans kommen.
Ich versuche mich jetzt auf meine Dissertation zu konzentrieren, was nicht so leicht fällt. Die Familienhilfe mache ich nicht mehr, das war zuviel und auch nicht so toll von den Arbeitsbedingungen her. Da wird um jede Stunde gefeilscht, die man bezahlt haben will. Bei V ist es leider genauso.
Was macht Dein Reiseführer?
Beste Grüße

Hallo!
Wir sind gestern erst kurz vor dem Spiel von einer Fahrradtour zurückgekommen und haben Deinen Anruf deshalb zu spät abgehört. Wir waren wieder am Müggelsee, da kann man mit der BVG-Fähre übers Werder übersetzen und dann auf einem schönen Radweg immer am See entlangfahren. Das Wasser sah dieses Mal allerdings nicht so gut aus. Es „blüht", alles voller Algen. Die sollen angeblich Allergien auslösen, aber das gilt ja inzwischen für fast jede Bewegung, die man macht. Deshalb haben wir G trotzdem nicht vom Baden abgehalten. Da wäre er sicher auch sehr sauer gewesen, denn Wasser ist sein Element.
C kam kurz nach uns an. Wie Du Dir anhand des Spielverlaufs sicher vorstellen kannst, war die Stimmung hier etwas ambivalent. C schrie für Frankreich, V für Brasilien, G quengelte angesichts der Aufregung und wollte nicht ins Bett, obwohl er völlig übermüdet war. V verzog sich dann nach dem Tor mit ihm und schmollte. Aber das hat sich schon wieder erledigt. Fußballspiele wird sie sich aber wohl in nächster Zeit nicht ansehen wollen. Vielleicht können wir uns mal zu was anderem treffen.
Beste Grüße

Olá liebe Freunde,
nach kurzfristiger Trauer (ca. 2 Std.) sind selbst die Campinados am Samstag nach dem Spiel gegen Frankreich wieder ohne Massensuizid zum Tagesgeschäft (besser Abendgetränk) zurückgekehrt. Cs Schwester hatte zwar bereits die Siegesparty und gemeinsames Fernsehen bzw. Fußballgucken organisiert, aber je länger das Spiel dauerte, desto länger wurden die Gesichter, und desto heftiger die Flüche und Beschimpfungen auf die brasilianischen Spieler. Aber letztendlich die Franzosen als bessere Mannschaft und der brasilianische Trainer als schlechterer identifiziert. War alles lustig anzusehen. Schließlich gingen alle nachhause, das übriggebliebene Bier wird dann beim nächsten Mal getrunken. In D-Land herrscht Sommer und gute Laune, wie es im Internet aussieht. Hier ist es ziemlich angenehm kühl, nachts wenigstens. Sonst gibt's nichts neues, alle warten, daß die Portugiesen die Franzosen besiegen. Und auch daß D-Land Weltmeister wird.
So isses,
es grüßt

Hallo!
Heute gehen die Spiele also weiter. Die Trauer hier war intensiv und kurz und am nächsten Tag wurde die WM durch V kurzerhand als beendet erklärt. Wie man aus Brasilien hört, sind dort viele auf Portugal umgeschwenkt, angeblich weil die einen brasilianischen Trainer haben. Ich vermute aber, daß dabei auch Rachegelüste gegen die Franzosen eine Rolle spielen, die Portugal jetzt rausschmeißen könnte. Obwohl man andererseits vielleicht wenigstens entschuldigend sagen könnte, man hat ja gegen den Weltmeister verloren, oder zumindest einen Finalisten. Aber die Brasilianer rechnen mehrheitlich damit, daß Deutschland den Titel holt. Im Fernsehen haben sie gestern Bilder von der Abfahrt der brasilianischen Mannschaft zum Flughafen gezeigt. Eine ebenfalls brasilianische Fangruppe hatte sich die Mühe gemacht, extra anzureisen, um das Team mit: „Vergonha da Nação!" – Rufen zu verabschieden. Das heißt soviel wie „Schande der Nation". Nicht mehr und nicht weniger.
Am Sonntag waren wir mit S-Bahn und Fahrrad am Wannsee und sind mit der BVG-Fähre nach Kladow übergesetzt. Das Wasser ist dort ziemlich zugebaut, weshalb wir ein ganzes Stück fahren mußten, ehe wir einen kleinen Privatstrand fanden. Zum Schluß haben wir noch einen Abstecher nach Sacrow gemacht. Um die letzte Fähre noch zu schaffen, waren wir etwas früher dort und haben uns, nachdem wir an Bord waren, gleich die besten Plätze im Freien gesichert. Zumindest dachten wir, es wären die besten Plätze, bis wir merkten, daß sie auf der Seite lagen, auf der die Wellen gegen das Boot schlugen und daß das Spritzwasser trotz der Hitze auf die Dauer etwas kühl war.
Wir kommen jetzt so langsam in Reisestimmung. Am 29. geht es los. V hat schon Mitbringsel für die

Familie besorgt und wird sicher in den nächsten Tagen beginnen, die Koffer zu packen.
Wir sehen uns hoffentlich vorher noch mal.
Bis dann

Hallo,
jetzt muß ich mich erst mal wieder an die fußballose Zeit gewöhnen. Wird schwer werden. Heute brummt ehrlich gesagt auch ein wenig der Schädel. Habe wohl durch die Dramatik und Spannung des Endspiels das eine oder andere Bier zu viel getrunken.
Das WM-finale habe ich übrigens völlig unspektakulär bei einem Imbiß gesehen. Alle anderen saßen lieber draußen, aber drinnen gab es außer gute Sicht einen verdammt guten Flachbildschirm und da ich das Spiel richtig gucken wollte, waren mir auch Hitze und Fritiergeruch egal.
Fußball muß man nun aber abhaken.
Bei dem super Wetter war ich nun auch häufiger mit der Kleinen am See. ich fahre meist zum Schlachtensee. Vielleicht können wir nächsten Sonntag mal gemeinsam zum See fahren. sofern das Wetter mitspielt. Eloise steht wie G auch auf Wasser. Der Wannsee z.B. ist für Kinder sehr gut geeignet, da er ca. 30 Meter sehr flach ist. Für Ausflüge bin ich aber generell offen.
Vom 20.07. bis 30.07. bin ich dann nochmals in Riga.
Schöne Woche und bis bald

Hallo!
Hier ist seit langem der Hochsommer ausgebrochen, mit Ausnahme weniger Tage herrschen seit sechs Wochen über 30 Grad. Eine dieser Ausnahmen war der letzte Sonnabend, an dem wir C auf unsere Tour zum Müggelsee mitgenommen hatten. Es war windig und die Enten konnten angesichts der Wellen kaum die Brotstücken erreichen, die G ihnen mühsam gegen die steife Briese entgegenwarf. Unser Picknick, das V wie immer vorbereitet hatte wurde deshalb diesmal etwas ungemütlich. Wir verzogen und deshalb bald wieder und warfen bei uns den neuen Elektrogrill an. Als wir die Fenster öffneten zogen dicke Rauchschwaden durch den Friedrichshainer Osten, zum Glück alarmierte niemand die Feuerwehr.
Am Sonntag fuhren wir durch die Müggelberge, wobei die Temperaturen schon wieder stiegen, der Aufstieg also entsprechend schweißtreibend wurde. Wir wollten eigentlich den Müggelturm besteigen, bogen aber beim Teufelssee falsch ab und gelangten über eine Mountainbikestrecke, durch die wir unsere Fahrräder schoben, zu einem Funkturm, der aber nicht zu besteigen war. Von einer nahegelegenen Stelle hatten wir aber trotzdem einen herrlichen Blick hinab zum Müggelsee und auf die dahinterliegende Ebene. Dort ließen wir uns die mitgebrachten Früchte schmecken und en Schweiß trocknen. Wenn das Wetter so bleibt, wird die Brasilienreise zu einem richtigen Winterurlaub.
Beste Grüße

Hallo!
Na hast Du Dich von unserer Tour de Köpenick erholt? Wir sind gleich am nächsten Tag noch mal dagewesen und haben die Bergetappe hinter uns gebracht, wobei ich zugeben muß, mein Fahrrad den Großteil der Strecke hinauf zum Mont Müggel geschoben zu haben. Das lag natürlich an den schlechten Wegverhältnissen, die eher für Mountainbiker als für meine Straßenausrüstung konzipiert waren, außerdem an einem auf meinem Fahrrad mitfahrenden Halbbrasilianer.
Dieses Wochenende fahren wir noch mal nach Rathenow, uns für die vier Wochen verabschieden. Wir lassen G ein paar Tage da, um bei den Reisevorbereitungen keinen Nervenzusammenbruch zu erleiden und das Robbie-Williams-Konzert zu besuchen. Eine Veranstaltung, auf die ich sehr gespannt bin.
Schick mal noch mal Deine Adresse vorbei, die habe ich bei einem Kalenderwechsel vergessen zu übertragen. Wir schicken Dir dann Vs Fahrkarte, die noch zehn Tage gültig ist und vielleicht eine Ansichtskarte aus Campina Grande.
Als ehemaligen Callcenter-Agent wird Dich der folgende von mit miterlebte Dialog interessieren.
Beste Grüße
Hellersdorfer Metrotram-Gespräch
Aufgezeichnet und vom Berlinerischen ins Deutsche übertragen in der Straßenbahnlinie M6 am 19.07.
Sohn (ca.6 Jahre alt): Wann fahren wir denn mal mit dem Doppelstockbus?
Mutter (ca. 25 Jahre alt): Die fahren ja nicht so oft hier.
Sohn: Ich bin noch nie mit einem gefahren und Du?
Mutter: Ich ja. Bin ich jeden Tag gefahren, als ich noch gearbeitet habe in Westberlin.

Sohn: Äääh? Du warst mal arbeiten gewesen?
Mutter: Ja, eine Woche, dann haben sie mich gekündigt.
Sohn: Und was hast Du da gemacht?
Mutter: Callcenter.
Sohn: Was ist denn das?
Mutter: Callcenter, da ruft man so Leute an und fragt die, ob sie was kaufen wollen.
Sohn: Das ist aber doof.
Mutter: Na irgendwas mußte ich ja machen.

Gruß!
Ein interessantes Gespräch, vielleicht handelt es sich um eine der unzähligen Personen, die bei uns damals meist zwischen einem Tag und fünf Wochen gearbeitet haben. Ziel war dabei immer die Bezahlung zu vermeiden.
Ich fahre morgen vormittag auch in die Stadt der Landesgartenschau, um meinen Eltern eine neue Schüssel im Garten zu installieren. Die Tour de Müggel war kein Problem, ich fahre derzeit sowieso jeden Tag außer heute und Mittwoch. Ich hab's gestern probiert aber ich hatte das Gefühl, daß die kühlende Zugluft eher eine glühende Glutluft war.
Meine aktuelle Anschrift lautet:
Liselotte-Hermann-Str. 11
10407 Berlin
Viel Spaß in Brasilien, X _Y__

Hallo!
Ich nutze die Gelegenheit der Fahrkartenverschikkung, Dir einen konventionellen Brief mit in den Umschlag zu packen. In Zeiten der E-Mail kommt man ja nur noch selten zu so etwas. Allerdings erspare ich Dir und mir die Qual, die Zeilen mit meinem Federkiel ins Papier zu kratzen und hacke sie statt dessen doch in die Tastatur der E-Mail verschickenden Teufelsmaschine.
Wenn Du diese Zeilen liest, weilen wir nicht mehr in Berlin. Vermutlich haben wir sie am Flughafen Tegel in die gelbe Box geworfen und befanden uns kurz danach über den Wolken. „Über den Wolken muß die Freiheit wohl grenzenlos sein", wer hat sich das nur ausgedacht, ich glaube Reinhard May hieß der naive Künstler. Sicher hat er damit nicht die menschliche Fortbewegung gemeint, zumindest nicht , wenn er schon mal in der „Economy Class" geflogen ist, ein Euphemismus für die dritte Klasse mit folterverdächtigen Sitzabständen.
Gestern waren wir also beim Robbie-Williams-Konzert. Ich muß sagen, es war etwas enttäuschend. Nun kann man ja nur von etwas enttäuscht sein, in das Erwartungen oder Hoffnungen gesetzt wurden. Daß wir im Oberring des Olympiastadions genau gegenüber vom Marathontor und damit der Seite der Bühne allzuviel sehen würden, damit hatte ich nicht gerechnet. Wenigstens hatten wir die Reihe 6 und saßen damit nicht direkt unter dem neuen Dach. Aber mit bloßem Auge war gerade mal die Position der Leute auf der Bühne zu bestimmen und das auch nur, wenn man zuvor auf der Leinwand ihren momentanen Bewegungsablauf beobachtet und mit dem Bühnengeschehen verglichen hatte. Hier hatte es also keine Hoffnungen geschweige denn Erwartungen gegeben, es gab also

keine Enttäuschung, aber auch keine Überraschungen.
Auf den Leinwänden wurden übrigens während der Pausen Werbespots für Shampoo, Handyverträge und andere Sachen, wie man sie aus dem Fernsehen kennt, eingeblendet. Auch das hatte kein Enttäuschungspotential, etwas überraschend fand ich es allerdings, aber irgendwie müssen sie die subventionierten Bierpreise ja schließlich wieder rauskriegen (nur 4 Euro das Warsteiner). Die Vorbands waren kaum erwähnenswert, die erste machte krächzigen Brit-Pop, die zweite eine Mischung aus Ska, Techno und den Weather-Girls.
Die wahre Enttäuschung machte sich musikalisch beim Hauptakt breit. Mit seiner letzten CD hatte Herr Williams bei mir doch tatsächlich einige Erwartungen geweckt. Sie ist meines Erachtens - im Gegensatz zum allergrößten Teil seiner bisherigen Veröffentlichungen - sehr ausbaufähig und ich war gespannt, wie er sie auf der Bühne umsetzen würde. Allerdings zog es Herr Williams vor, seine gesammelten Single-Auskoppelungen herunterzuspielen und dazu gehörten nur zwei Stücke vom letzten Album – die eher weniger interessanten. Worüber man sich bei den Stranglers freut, geriet also hier zur Enttäuschung. Allerdings wohl nur bei mir, denn die „alten" Fans waren begeistert.
Er spielte zu allem Überfluß noch einen kompletten Titel von Take That. Beim letzten Konzertausschnitt, den ich gesehen habe, ist er mit seiner Boy-Group-Vergangenheit noch ironisch umgegangen. Als im Publikum zum Beginn des Auftritts entsprechende Songs gefordert wurden, überlegte er „Wie war denn das?", machte einige der albernen Tanzschritte vor, die sie damals synchron vorführen mußten und schüttelte den Kopf „Das wird sehr viel besser heute." und das Konzert begann. Nun also

der Schritt zurück. Ein Titel vom Album, das im September herauskommen soll, machte auch nicht viel Hoffnung. Es klang nach einer Mischung aus seinen beiden Vorbands, für sich alleine stehend schon kaum erträglich, noch weniger zusammengenommen. Das war's dann glaube ich für Herrn Williams. Er hatte seine Chance. Schade.
Auf dem Weg zum Stadion gab es übrigens massenweise Tickets zu kaufen, manche der Verkäufer gingen schon um 17 Uhr, als wir dort entlang schlenderten auf 20 Euro runter. Die Originalpreise hatten zwischen 60 und 80 Euro gelegen. Da hatten sich wohl einige verspekuliert, zum Weiterverkauf gehamstert und dann machte ihnen das heute stattfindende Zusatzkonzert einen Strich durch die Rechnung. Es blieb dann auch, obwohl das Konzert innerhalb einer halben Stunde nach Vorverkaufsbeginn im Dezember ausverkauft war, etwa ein Fünftel der Plätze unbesetzt. Das konzentrierte sich auf einige bestimmte Blöcke, wahrscheinlich die Karten, die im Internet verkauft worden waren. (Ich rede natürlich nicht von den Plätzen hinter der Bühne, sondern von relativ guten Sitzen, auf die wir leider nicht wechseln konnten, da man am Blockeingang die Karte noch mal vorzeigen mußte.)
Von unseren Plätzen konnten wir dann noch den Abschied von Herrn Williams beobachten. Nach den zwei Zugaben bedankte er sich tausendmal fast unterwürfig, dann gingen alle Lichter aus und keine zehn Sekunden später sah man die Rücklichter des Autokonvois durch das Marathontor hindurch, die sich schnell entfernten, um den Star ins Hotel zu bringen. Entweder hatten sie direkt hinter der Bühne gestanden und haben ihre Lichter erst nach den ersten fünfzig Metern eingeschaltet, oder Herr Williams hat einen rekordverdächtigen Sprint dort-

hin eingelegt, nachdem er sein letztes Wort auf der Bühne gesprochen hatte.
So, jetzt kommen gleich meine Eltern und bringen G zurück. Am Sonntag sind sie schon wieder in Berlin zu Bs Geburtstag. Ich kopiere ihm noch schnell eine brasilianische DVD, die ich meinen Eltern mitgebe, deshalb mache ich an dieser Stelle mal Schluß. Ich überlege übrigens, auf die neue Rechtschreibung umzusteigen. Was hältst Du davon? Jetzt aber wirklich Schluß. Viel Spaß noch im der Hitze, wir werden uns im brasilianischen Winter etwas abkühlen. Am 27. August sind wir wieder da.
Bis dann

Hallo!
Das hört sich ja nicht gut an mit Mathias, wir drücken die Daumen, daß alles gut geht. Ich habe tatsächlich auch ab und zu so ein Ziehen in der Seite. Vielleicht hatte ich auch eine leichtere Version von diesem Virus und es ist was zurückgeblieben. Ich gehe glaube ich auch mal zum Arzt, auch wenn ich den deutschen Ärzten genausowenig vertraue wie den brasilianischen. Das ist ja wirklich schwach, daß beide Ärzte die Lungenentzündung nicht erkannt haben. Aber so wie ich es hier kenne, verschreiben sie auch nur Antibiotika und wünschen gute Besserung.
Unsere Koffer sind auch noch nicht angekommen. Wie immer wurde ein Gepäckstück angeblich in Lissabon gesichtet, irgendwie bleiben sie jedes Mal da hängen. Die Portugiesen mögen unsere Koffer anscheinend so sehr, daß sie sie immer noch ein paar Tage dabehalten wollen. Die Marke Eminent von Kaufhof sollte man deshalb wohl lieber nicht kaufen, wenn man über Lissabon fliegen will. Uns scheinen sie aber inzwischen zu kennen, denn als wir einmal einen Hartschalenkoffer anderer Marke dazugekauft hatten, sind sie vor Wut mit ihrem Transporter herübergefahren und haben ihn somit einfach zerbrochen, so daß wir jetzt wieder mit ihren Eminent-Rollkoffern reisen. Da kommen wir wohl nicht mehr raus. Wahrscheinlich ist unser Gepäck den Portugiesen aber einfach zu schwer (Wir haben die 60 Kilo ausgenutzt.) und sie lassen es bequem stehen, bis der Suchdienst es abholt. Sonst ging das immer recht schnell. Ich fürchte fast, diesmal sind sie endgültig weg, was sehr ärgerlich wäre, denn wir hatten einen Haufen gute Klamotten drin, die wir mit der Entschädigungszahlung von 20 Dollar pro Kilo nicht wieder kriegen.

Wegen Flüssigkeiten haben sie übrigens keine Probleme gemacht, wie sie es im brasilianischen Fernsehen gezeigt hatten. Das bezog sich wohl nur auf England und die USA. In London ist V auch schon unnötig und unhöflich mehrere Male gefilzt worden, als die Briten in den Irak-Krieg eingestiegen waren und Angst vor der Rache der Islamisten hatten. Wir sind jedenfalls überall mit jeweils einer Saft-, Guaraná und Wasserflasche umherspaziert und es hat sich niemand daran gestört.
Beste Grüße

Hi Dorni, komisch, daß Ihr keine Einladung erhalten habt. Sie kam per Post, liebevoll per Hand gebastelt, in einem weinroten Umschlag. Habe jetzt Angst, daß noch mehr Leute nix bekommen haben. Obwohl ich glaube, daß von allen ein Feedback kam. Das mit euren Koffern wird wohl zum "Running Gag"? Das ist ja ätzend. Ich hab auch schon mal 2 Tage auf die Koffer gewartet. Du wirst also immer fetter. Ich habe durch die Aufregung etwas abgenommen. Hochzeit beginnt 15.00h - St. Magnikirche. C weiß, wo das ist. Hinter dem schrill bunten Rizzi-Haus. Schicke Dir noch mal Infos aus der Einladung mit.
Bis dann. Wir freuen uns auf Euch.
Liebe Hochzeitsgesellschaft,
die wichtigsten Daten –nämlich wann und wo die kirchliche Trauung statt finden wird– habt Ihr ja schon der Einladungskarte entnehmen können. Hier möchten wir Euch noch über Ablauf, Anfahrt und Übernachtung sowie einige persönliche Dinge informieren.
Ablauf
Der Hochzeitsgottesdienst beginnt um 15$^{\underline{00}}$ Uhr und wird in etwa eine Dreiviertelstunde dauern. Im Anschluss fahren wir gemeinsam zum Botanischen Garten. Dort wird es einen kleinen Sektempfang geben, je nach Wetter drinnen oder draußen. Ab 18$^{\underline{00}}$ Uhr feiern wir dann im Restaurant „Lindenhof Da Paolo".
Anfahrt mit dem Auto
Von Norden (B4), Osten und Westen (A2) kommend: Am Kreuz BS-Nord auf die A391 in Richtung „Kassel/Salzgitter". Am AB-Dreieck BS-Süd-West weiter wie „von Süden kommend".
Von Süden kommend (A39): Am AB-Dreieck BS-Süd-West abfahren. Dann am AB-Kreuz BS-Süd abfahren in Richtung „Zentrum" (Achtung: Abfahrt

ist mehrspurig, Schilder beachten!). In den beiliegenden Karten sind die Wege zur Kirche, zu den Hotels und zum Restaurant eingezeichnet. Den Stadtplan gibt es im Internet unter: http://stadtplan.braunschweig.de/stadtplan/stadtplan.

Parken

Zur kirchlichen Trauung darf ausnahmsweise auf dem Magnikirchplatz direkt vor der Kirche geparkt werden. Leider verfügen weder der Botanischen Garten noch das Restaurant „Lindenhof Da Paolo" über eigene Parkplätze, also muss in den Nebenstraßen gesucht werden. Mutige können auf dem nahe gelegenen Betriebshof der Stadt Braunschweig „unerlaubterweise" parken (siehe Karte). Am Wochenende „sei" (so Paolo) kaum mit Problemen zu rechnen.

Anfahrt mit der Bahn

Vom Hauptbahnhof aus erreicht man mit den Straßenbahnlinien 1, 4 und 5 das Magniviertel (Haltestelle „Bohlweg/Damm", dann nach „Magniviertel" fragen). Online-Fahrpläne der BSVAG gibt es im Internet: http://www.braunschweiger-verkehrs-ag.de/

Persönliches

Wir bitten Euch, die Hotelzimmer selbst zu buchen und die Übernachtungskosten als Euer Geschenk anzusehen. Ansonsten bitten wir von dinglichen Geschenken Abstand zu nehmen, da unser Haushalt bereits komplett ist. Wem das als nicht ausrechend erscheint, darf uns selbstverständlich gerne mit einem kleinen Zuschuss zu unserer Flitterwochen-Kasse überraschen.

Wir hoffen, dass Ihr die Einladung annehmt, bitten Euch, uns bis zum 15. Juni eine Rückmeldung zu geben, und freuen uns auf ein gelungenes Fest.

Viele Grüße

Hallo!
Wie lange warst Du denn noch auf der Party und bist Du am Sonntag an der Gleisabsenkung vorbeigekommen? Als wir am Montag zurückgefahren sind, war diese mysteriöse „Störung im Betriebsablauf" noch oder schon wieder da und wir hatten insgesamt fast eine halbe Stunde Verspätung. Diesmal gab es aber keine Entschädigungsformular Wir versuchten, unsere Entschädigung von der Hinfahrt in eine Fahrkarte nach Rathenow für das kommende Wochenende umzutauschen, was natürlich nicht ging, weil das ja Regionalverkehr ist und Entschädigungen im Fernverkehr nur für selbigen eingelöst werden können. Die Bahn ist wirklich schlau, wenn es darum geht, Geld zu sparen. Ob sie da allerdings an der richtigen Stelle spart, da bin ich mir nicht sicher. Ich werde jedenfalls nicht extra eine Fahrkarte kaufen, um die 6,90 Euro abzufahren, eher fahre ich das nächste Mal mit dem Bus, um nicht mit diesem Verein zu tun zu haben.
In Berlin wurden wir gleich standesgemäß begrüßt: Eine geistesgestörte Obdachlose mit Hund meinte, ich hätte mich beim Einsteigen in den Bus vorgedrängelt und hielt es deshalb für nötig, mir die ganze Fahrt über Beleidigungen an den Kopf zu werfen. Das konnte ich noch ganz gut ignorieren. Als sie dann anfing ihre Strategie in Richtung: „Hier Behinderte und alte Leute herumschubsen..." zu ändern, wurde ich langsam ärgerlich, denn ich hatte das Gefühl die neu Eingestiegenen glotzten jetzt auch noch mich blöde an, als wenn ich das wirklich gemacht hätte. Aber ich sagte mir, wo immer sie auch ihr Gehirn verloren haben möge, wahrscheinlich merkt sie es nicht, wie perfide es eigentlich ist, daß sie hier auf diese Weise ihre Behinderung ausnutzt, um Aufmerksamkeit zu finden. Als sie mich

beim Hinausgehen auch noch vollspuckte wurden Ekel und Abscheu perfekt, auch deshalb weil sie mich damit zu einigen Gedanken gebracht hatte, die ich eigentlich nicht denken wollte.

Da habe ich mich wieder zurück in die verschlafene Braunschweiger Altstadt gewünscht, diese Mischung aus DDR-Stil und Mittelalter, in der wir gemütlich den Sonntag verbrachten. Wir ließen uns einfach ohne größeres Erkenntnisinteresse durch die Straßen und Gassen treiben, verweilten auf den Plätzen und am Kohlmarkt und lasen die dort angebrachten Till-Eulenspiegel-Streiche. Am Altstadtmarkt besuchten wir den Kartoffelkeller, ein Mittelalterliches Gewölbe, was sehr rustikal und doch schön eingerichtet ist. Wir nahmen angesichts des Sommerwetters trotzdem draußen Platz und ließen Nackensteaks mit Bratkartoffeln kommen, nicht übermäßig lecker, aber reichlich. Dazu trank ich ein Kristallweizen, das einzig wahre bei gutgelauntem Katergefühl. Ich fühlte mich überschwenglich wie auf einer mediterranen Piazza und es kam richtige Urlaubsstimmung auf, die leider am nächsten Tag wie geschildert ein jähes Ende nahm.

Am kommenden Wochenende bin ich für meine Stiftung in Rotenburg, das Wochenende danach ist das frisch vermählte Paar in der Stadt, vielleicht wollen sie sich ja mit uns treffen.

Beste Grüße

Gruß!
Da bin ich ja erstaunt, mein Zug erreichte am Sonntag ohne Verspätung sein Ziel. Die Bahn weiß, denke ich, sehr genau, wer ihre Stammkunden sind und nicht mehrfach verprellt werden sollten. Den Gutschein kann ich bereits nächstes Wochenende eintauschen. Mein Weg führt mich nach Halle. Dort nehmen wir unter dem Titel "Halllyrikation" eine Sondersendung auf. Außerdem habe ich ein Blind Date & Eva O(!) spielt am Sonnabend im VL auf. Ich würde es nicht glauben aber es steht tatsächlich auf ihrer Webseite das VL in Halle/Saale. Anne wollte kurz nach sechs die Party verlassen, meine Hoffnung, dieses Vorhaben sei mit dem Heimweg gleichzusetzen, wurde schnell zerschlagen. Sie erklärte, sie wollte schon immer mal mit solchen Klamotten ins "???" (Name vergessen). Jedenfalls landeten wir in einem Punkschuppen, den ich auch schon mal mit Familie Schlagowski - Richter besucht hatte. Dort mußte ein Absackbier (so nannte sie es) getrunken werden. Wir waren halb acht bei ihr zu Hause. Ich verließ das Haus dann gegen halb zwei ohne mich persönlich verabschieden zu können, da noch alles schlief. Am Bahnhof habe ich dann ein perfektes Katerfrühstück in Form eines Riesenbaguettes plus Kaffee einnehmen können. Nur der Kater fehlte, da ich aufgrund meines Durchfalls nur wenig getrunken hatte.

Hallo!
Es handelt sich also bei der Gleisabsenkung der Deutschen Bahn AG offenbar um ein temporäres Phänomen. Ich vermute dabei einen Fehler im Raum-Zeit-Kontinuum zwischen Berlin und Spandau. Das ist nicht verwunderlich, wenn man bedenkt, daß Spandau räumlich zu Berlin gehören soll, wenn man die Spandauer oder die Berliner unabhängig voneinander dazu befragt, wird dies aber von beiden Gruppen bestritten. Laut vieler Stadtsoziologen steigen die Einwohnerzahlen moderner Städte ständig und sie verschlingen mit der Zeit ihr Umfeld. Zeitlich ist Spandau also offensichtlich noch nicht in Berlin angekommen, wohl aber räumlich. Solche Spannungen im Raum-Zeit-Kontinuum scheinen Fluktuationen zu erzeugen, weshalb Du am Sonntag ohne Probleme durch diese Verzerrung gekommen bist, während sie am Montag wieder aufflackerte und unseren Zug verspätet ankommen ließ.
Zu Eva O. würde ich am Sonnabend auch gerne erscheinen, aber ich kann mich dieses Wochenende nicht schon wieder absetzen, nachdem ich erst in Rotenburg weilte, um dort Pflichten meines Geldgebers zu erfüllen. Als ich Rotenburg hörte, fiel mir noch nicht auf, daß dort ein H hinter dem T fehlte, also leider nicht das schöne Rothenburg an der Tauber gemeint war, sondern das mir bis dahin unbekannte Rotenburg an der Fulda. Ich war mal mit Brommauer in Rothenburg an der Wümme, wo wir Doreen „Martha" Pfahl besuchten, seine damalige Freundin/Affäre/.... Von Rotenburg an der Fulda habe ich ähnlich wenig gesehen wie von Rothenburg an der Wümme. Das lag diesmal daran, daß das Seminarprogramm etwas straff war, während beim Besuch mit Brommauer tagsüber geschlafen wurde, um die nächtliche Tequilla-Party in

der nahegelegenen Dorfdisko auszugleichen. So ist das mit den Rot(h)enburgs. Eine höchst interessante Zusatzinformation: Eine dieser Städte trägt die gleiche Buchstabenkombination als Autokennzeichen, mit denen einst die Rathenower Optischen Werke bezeichnet wurden.

Ich wünsche viel Spaß bei Eva und beneide Dich ein wenig. Viel Erfolg auch für die Radiosendung.
Beste Grüße

Hallo!
Wie geht's? Bei uns läuft es so einigermaßen, G hat die Woche im Kindergarten ohne Ansteckungen durchgehalten. Heute allerdings hat er schon wieder gebrochen, mal sehen was aus dem Wochenende wird. Heute werden wir uns vielleicht noch mit dem Brautpaar treffen, zu deren Hochzeit wir letztens waren. Sie haben Karten für die Dreigroschenoper mit Campino von den Toten Hosen geschenkt bekommen und sind deshalb in Berlin.
Die Hochzeit war übrigens sehr lustig. Sie haben sich anscheinend gedacht: Wenn schon denn schon. Und wo sie schon mal geheiratet haben, haben sie auch gleich eine kirchliche Trauung im weißen Kleid mit Schleppe, einen Sektempfang im botanischen Garten und eine mondäne Feier mit Band hinterhergeschoben. Wir hatten erst geplant, mit C mit dem Wochenendticket der Bahn hinzufahren, mit dem man nur Regionalzüge benutzen darf. Bei dieser Gelegenheit hätten wir G in Rathenow gelassen, das liegt ja auf dem Weg, dachte ich mir. Irgendwie fuhren die Züge dann aber nur alle zwei Stunden und alles war zu knapp oder mit zu frühem Aufstehen verbunden.
So machte ich mir einen schönen Tag und brachte G bereits am Freitag zu Oma und Opa, was sich als gute Entscheidung herausstellte, denn auf der Strecke gab es eine „Gleisabsenkung", die auch am nächsten Tag noch dort war und unseren ICE nach Braunschweig eine Stunde verspätet ankommen ließ. Mit dem Regionalzug hätten wir das Brautpaar wohl nur noch gesehen, wie es sich in Richtung Hochzeitsnacht verabschiedet. Der ICE wurde über die alte Umfahrungsstrecke geleitet, auf der man von Rathenow aus nach Schönefeld kam, ohne den antifaschistischen Schutzwall zu überqueren. Wir kamen also über Golm, Satzkorn und Priort nach

Wustermark, Orte die ich seit dem Untergang der DDR nicht mehr gesehen hatte, auch vorher waren sie mir nur von der Durchfahrt Richtung Schönefeld bekannt.
In Wustermark kamen wir dann wieder auf die Stammstrecke des ICE. Hier wurde zu DDR-Zeiten die Elektrolok gegen eine Diesellok ausgetauscht, denn das große Elektrifizierungsprogramm hatte es nur bis kurz hinter die Grenzen Berlins geschafft. Dafür mußte man dann 20 Minuten warten, bis die Lokomotiven umherrangiert waren. Kein Wunder, daß diese Wirtschaft es nicht ins 21. Jahrhundert geschafft hat. Aber wenn man sich die Deutsche Bahn und ihren Service so ansieht, zweifelt man auch an der Sinnhaftigkeit eines Börsenganges, denn sie ist scheinbar immer noch mehr Behörde als Unternehmen.
Beste Grüße

Hallo!
Ich habe die Kinski-Sachen der Einfachheit halber auf eine DVD gepackt und noch einige andere Sachen aus meinem Archiv mitkopiert, auch wenn Ihr das meiste davon wahrscheinlich schon habt.
Der Sommer scheint nun endlich zuende zu gehen und die Schokoladenweihnachtsmänner, die seit drei Wochen in den Regalen sind, schmelzen nicht mehr weg und sehen etwas weniger deplaziert aus, wenn sie da so neben der Palette mit den Grillkohlesäcken herumstehen. Wir haben das schlechte Wetter gestern ausgenutzt, um uns am verkaufsoffenen Sonntag zu beteiligen und besuchten zu dieser Gelegenheit IKEA. Die hatten im Vorfeld Zettel verteilt, mit denen man in der Kantine umsonst Heidelbeerkuchen bekommen sollte. Die Schlangen reichten bis in die Verkaufsfläche hinein und als es kurzzeitige Lieferengpässe bezüglich des Kuchens gab, drohte ein Volksaufstand. V stellte sich trotzdem mutig an, weil wir was trinken wollten.
Währenddessen schlief G in seinem Kinderwagen ein und ich hatte die Gelegenheit, einen sehr innovativen IKEA-Besucher zu beobachten. Nachdem er sich seinen Gratis-Heidelbeerkuchen geholt hatte, nahm er sich eine benutzte Tasse aus den Tablettständern und begab sich damit zu den Getränkezapfhähnen. Dort spülte er die Tasse mit dem guten Mineralwasser ab und nutzte sie anschließend, um im Stehen etwa 5 Tassen Cola hinunterzuschütten. Daraufhin begab er sich gemütlich zum Kaffeeautomaten, wo er sich ein Täßchen einschenkte und es mit 4 Becherchen Kaffeesahne versetzte, worauf er sich ein Plätzchen zum Genießen von Kaffee und Kuchen suchte.
Ich entwickelte sofort eine etwas ästhetischere Technik, umsonst an Getränke zu kommen. Da IKEA neuerdings Gläser und Tassen aus dem eige-

nen Sortiment in der Kantine verwendet, bräuchte man sich bloß jeweils eins davon in seine gelbe Tasche packen, wieder in die Kantine hochfahren und könnte bis zum Herzinfarkt Cola und Kaffee in sich hineinschütten, ohne dafür zu bezahlen (zumindest nicht mit Geld, sondern eben nur mit dem Infarkt). Diesen genialen Plan setzte ich aber angesichts fehlender krimineller Energie nicht um.
C hat sich nicht gemeldet, obwohl ich ihm schon zwei Nachrichten hinterlassen habe. Seine melancholische Stimmung auf Eurer Hochzeit hatte wahrscheinlich etwas damit zu tun, daß so langsam alle seine Freunde verheiratet sind, wir schon lange, letztens Andrea und Rue und jetzt Ihr, das kann natürlich bedrückend sein, wenn man selbst keine Beziehung hat. Ich hoffe, das ist nicht zu einer größeren Krise geworden.
Beste Grüße

Hallo!
Eine Kapitän-Blaubär-Verkehrsfibel ist hier angekommen. Ich hatte mich schon gewundert, wie sie da auf uns gekommen sind. Dann hast Du die Zusendung also veranlaßt, vielen Dank dafür!
Heute war ich noch nicht am Briefkasten, sitze noch in der Bibliothek, obwohl mir nichts einfällt und ich mir mit E-Mails die Zeit vertreibe. Ich sage dann Bescheid, ob die angekündigte Danksagung gekommen ist.
Dann fahre ich jetzt mal G abholen, wenn ich schon nichts Produktives auf die Reihe kriege kann ich mich wenigstens um meinen Sohn kümmern, das beruhigt ein bißchen.
Am Tag der deutschen Einheit waren wir in der Therme Lübbenau baden. Es war sehr schön für G, sie haben dort einen großen Kinderbreich mit Rutsche, Wellenbad und Wasserspielen, was ihn ziemlich begeistert hat. Er hat sich gut abgearbeitet und versucht, das Becken leer zu machen, indem er das Wasser immer über den Rand schaufelte. Was er nicht einkalkuliert hatte war, daß das Wasser dort aufgefangen und gefiltert zurückgeleitet wird. Aber man muß eben früh lernen, daß manche Arbeiten kein Ende haben. So wie meine Promotion zum Beispiel. Oder die Befriedung von Hellersdorf, die zwar für mich zuende ist, aber als gesellschaftliches Großprojekt noch lange nicht. Deshalb und wegen der Hoffnung, er würde nach dieser Anstrengung früh schlafen, ließen wir G seine Tätigkeit ausgiebig ausüben. Die Hoffnung erfüllte sich nicht. Zurück in Berlin waren wir übrigens im Via Nova essen, wo ich am Wochenende davor mit Euch war.
Als Einstieg in die Kinski-Vorlesungen empfehle ich das Hörspiel "Sechs Gramm Caratillo".
Beste Grüße

Hallo,

nach einem überaus stressigen Sommer will ich heute an meinem letzten Urlaubstag die Gelegenheit nutzen und mal wieder ein paar Zeilen schreiben. Ich bin mir durchaus bewusst, dass ich doch lange nichts habe von mir hören lassen. Möglicherweise hat es euch auch nicht gefehlt, dann bitte nicht weiterlesen. Andernfalls hier nun das wichtigste aus den letzten Monaten.

Gestern bin ich aus Griechenland wiedergekommen. Wie immer sehr schön. Allerdings auch sehr feucht. Alle Regenrekorde der Region wurden wohl gebrochen. Unglaubliche Überschwemmungen mit Todesopfern. Und das alles in unmittelbarer Nähe zu unserem Urlaubsort. Dieser ist uralt und schon aus diesem Grund strategisch besser gelegen, und zwar am Berg und nicht in einem Flusstal. Damals haben die Leute noch mehr nachgedacht. Jedenfalls hat dies dazu geführt, dass das Wasser durch gelaufen ist. Aber es gab halt keine Überschwemmungen. Es gab aber, gerade am Anfang auch schöne Tage. So wollten wir mal an die andere Seite Griechenlands (wir waren an der Ostküste des Festlandes), um an hat an der uns dort mit Freunden zu treffen. Ein Blick in die Karte, alles Autobahn, 300 Kilometer, alles klar, drei Stunden Fahrt. So weit der Plan. In Wirklichkeit war die in der Karte verzeichnete Autobahn nur die Darstellung der späteren Linienführung. Dies bedeutete drei Gebirge, Serpentinen auf und ab und sieben Stunden Fahrt. Aber es hat Spaß gemacht.

Darüber hinaus waren wir auch in Athen. Dies hat sich tatsächlich gelohnt. Man hat sich an der Akropolis mal einen Überblick über die tatsächliche Anzahl an lebenden Chinesen und Japanern verschaffen können. Es sind unglaublich viele.

Soweit ein Ausschnitt aus dem Urlaub
Hier noch mein Bericht zum Jahrgangsabitreffen. Sollte dieser von den Darstellungen von Fes Bruder abweichen, müssen wir uns noch mal unterhalten. Wie mir Frank(?) auf dem Klo mitteilte, war F die Einschulung von Laura wichtiger (Scheiße werden wir alle alt). Kritik verbietet sich natürlich, aber persönlich möchte ich diese in den Vordergrund gerückten persönlichen Angelegenheiten anprangern. Gleichwohl haben Abwesende nicht allzuviel verpasst. Unsere Klasse war dann doch durch zwei Vertreter, inklusive mir, vertreten. Nach drei Sunden hatte ich rausgefunden, dass die Frau drei Stühle neben mir Anja K. war. Wir haben uns halt mehr als zehn Jahre nicht gesehen. Offensichtlich war ich aber nicht ganz unbekannt an der Schule, denn dauernd kamen Leute, die ich in meinem Leben noch nie gesehen habe, und erzählten mir irgendwas. Ansonsten habe ich gestaunt, mit wie vielen Leuten aus dem Stadtbild ich Abi gemacht habe. Auf Grund meiner Unsicherheit bin ich mit Pizza zusammen hingegangen. Vorher haben wir noch drei Frauen bei einem Freund von uns abgeholt. Also wir haben eine Stunde gewartet, bis sie fertig waren. Dann sind sie mit dem Auto gefahren und wir sind gelaufen. Na ja. So bis gegen Mitternacht war der formelle Teil. Dann wurden die Krawatten abgelegt und es wurde lustiger. Gleichzeitig wechselten wir von Hefeweizen zu Cuba Libre. Als wir gerade angefangen hatten kam die Kellnerin um dreiviertel fünf und stellte die Stühle hoch. Als Fazit lässt sich festhalten, dass derartige Veranstaltungen nichts für mich sind.
Lehrer waren auch da.
Soweit erst mal wieder von mir...

Hallo!
Schön, wieder von Dir zu hören. Ich hatte mir schon gedacht, dass das Bauamt im Sommer noch etwas mehr zu tun hat als ohnehin schon. Deshalb habe ich Dich auch nicht weiter mit E-Mails belästigen wollen. Auch gab es wenig zu erzählen, denn ich habe eigentlich den ganzen Sommer nur herumgegammelt. Den verregneten August haben wir mit einem Winterurlaub in Brasilien überbrückt und so ein Urlaub muss ja auch immer gebührend vor-. Und nachbereitet werden. So erholsam wie es sich anhört, war es aber gar nicht, der protestantisch-kapitalistische Zwangscharakter hält mich davon ab, richtig genießen und entspannen zu können und ich habe ein schlechtes Gewissen, wenn ich nicht irgendwas produziere, sei es auch noch so sinnlos.
Am Wochenende war ich übrigens in Rathenow. V hatte Weiterbildung und mein Vater ein gebrochenes Bein, da bot sich ein Krankenbesuch an. Meine Mutter war mit G bei der Autogrammstunde von Havi, Flori und Opti, die Du Dir sicher als altes Mitglied des Rathenower Autogrammsammlerclubs auch nicht entgehen lassen hast. Abends besuchte ich dann mit meinem Bruder die Lesung von Hardy Krüger, für die uns meine Eltern angesichts der vorübergehenden Bewegungsunfähigkeit meines Vaters freundlicherweise ihre Karten überlassen hatten. Außer, dass ich sein Gesicht schon mal irgendwo gesehen und den Namen schon mal irgendwo gehört hatte, war mir der Mann völlig unbekannt. Jedenfalls schreibt er ganz schöne Anekdoten aus seinem Leben.
Auf der Sponsorentafel der LAGA entdeckte ich einen neuen Spruch für meine Datei sprachlich ausgefeilter Werbeslogans. Diese sieht nun nach langer

Sammel- und Beobachtungstätigkeit und auch dank Deiner Mithilfe wie folgt aus:
Hohenschönhausener Wohnungsbaugesellschaft (HOWOGE) Berlin: „Mehr als gewohnt"
Langnese bei der Deutschen Bahn AG: „Genuss in vollen Zügen"
HAW : „Sauber macht lustig"
Leider weiß ich nicht, was das Kürzel HAW bedeutet, ich tippe aber da ich es auch auf den örtlichen Mülltonnen entdeckt habe auf Havelländische Abfallbeseitigungs- und Wertstoffrecyclinggesellschaft.
Zum Abi-Treffen wäre ich sicher auch nicht ohne sicheren Tischnachbarn gegangen. Die fehlende Quantität von Ehemaligen aus unserer Klasse konntest Du sicher durch die hohe Qualität Deiner Anwesenheit ausgleichen, worauf ja auch die vielen Kommunikationsversuche der Dir unbekannten Ex-Schüler hindeuten. Ich gehe morgen zur Silberhochzeit meines in Berlin Schönefeld ansässigen Onkels. Das wird sicher eine ähnliche Veranstaltung, aber ich nehme mir G mit, damit ich eine gute Ausrede für fehlende Kommunikationsfähigkeit und die Notwendigkeit einer frühen Abreise habe.
Wann sehen wir uns denn mal wieder? Ihr könntet ja mal nach Berlin kommen, ich dachte an ein Weißwurstfrühstück bei uns mit anschließender Frühschoppen-Tour durch den Friedrichshain.
Beste Grüße

Hallo!
Ich nutze jetzt die heute Nacht zurückgewonnene Stunde, Dir zu schreiben, nachdem ich gerade ca. zwei Stunden damit verbracht habe, die tausend Uhren, die man neuerdings im Haus hat umzustellen (unter anderem Telefon, Heizungsthermostat und Kaffeemaschine – wo soll das noch hinführen?). Dabei habe ich festgestellt, dass unser DVD-Rekorder genauso intelligent ist, wie die Computer und sich bereits alleine umgestellt hatte. Leider bemerkte ich das erst, nachdem ich ihn eine weitere Stunde zurückgestellt hatte.
Meine Datei der Werbesprüche nimmt sich zugegebenermaßen noch sehr klein aus. Das liegt einerseits daran, dass ich natürlich strenge Maßstäbe an die Aufnahme anlege. Nur Slogans mit ausgefeiltem Sprachwitz, der auf bereits im deutschen Sprachschatz vorhandene Redewendungen anspielt und diese geschickt abändert oder in einen neuen Zusammenhang stellt, haben eine Chance. Andererseits muss ich zugeben, die Suche nach solchen Sprüchen nicht gerade intensiv betrieben zu haben. Der vorläufige Höhepunkt der von Dir angesprochenen Verblödung in diesem Bereich begegnete mir gestern, als ich in der Fernsehwerbung eines Elektronik-Ladens den Missbrauch eines Rio-Reiser Songs erleben musste, dem „Saubillig und noch viel mehr" oder etwas ähnlich widerwärtiges unterlegt wurde. Im Vergleich mit dieser Leichenschändung kann man die Fotos der deutschen Soldaten in Afghanistan ja nur noch als harmlos bezeichnen.
Der Eindruck vom Jahrgangstreffen wird ja mit jeder Schilderung schlimmer. Wenn man unter solch aufdringliche Leute mit Kommunikationszwang gerät, kann man eigentlich nur noch flüchten. Bei der von mir besuchten Silberhochzeit wurde es weniger schlimm als erwartet. Im Großen und

Ganzen blieb jeder an seinem Platz und schüttete die servierten Getränke herunter. Im gegenteiligen Fall kam mir zugute, dass ich G mitgenommen hatte, der mir jederzeit die Flucht ermöglichte. „Ich muss mal gucken, wo er ist." oder „Oh, ich glaube die Windel ist voll." Als die Tanzfläche eröffnet wurde, hatte ich mit der Schlafenszeit des Kleinen ebenfalls eine gute Ausrede für meinen frühen Aufbruch, während ich ja sonst ein unergründliches Zwangsverhalten an den Tag lege, bei solchen Veranstaltungen der letzte sein zu müssen, der nachhause geht, egal wie schlimm es eigentlich ist.
Nächsten Freitag gehe ich mit C zu Hugh Cornwell, dem alten Strangler. Den Januar für ein Treffen anzuvisieren, ist wahrscheinlich sinnvoll. Weihnachten und die erste Januarwoche verbringen wir traditionell auf den Kanaren, wie alle Rentner und geistig Frühgealterten. Für die Zeit danach gibt es keine Pläne.
Beste Grüße

Hallo!
Zu Deinen Fragen:
Ü ist eine Rathenower Lebensform, die als Spinnenmaler berühmt wurde und wie Ratze mir mitteilte, gestern Vater geworden ist, was mich etwas überraschte, da er in meiner Vorstellung immer noch mit seinem Vater auf dem Sofa saß, wobei wenn es klingelte beide "Mach mal auf" in Richtung der in der Küche stehenden Mutter brüllten. K ist wahrscheinlich keine - wie Du vermutest - australische, sondern eine außerirdische Lebensform (was ja oft verwechselt wird), die als männlicher Homo Sapiens getarnt in Rathenow Experimente durchführte, indem sie die Schüler der Bruno-Hans-Bürgel-Oberschule durch russische Vokabeln und ständige Veränderungen ihres Aussehens (Wachsenlassen und Abrasieren eines Bartes, Wachsenlassen und Dauerwellen der Kopfhaare) verwirrte. Das fand wahrscheinlich im Rahmen eines wissenschaftlichen Experiments statt, das Keili jetzt wohl abschließen will, indem er seine damaligen Versuchsobjekte noch einmal begutachtet, um den Einfluss seiner Experimente auf unseren Entwicklungsweg nachvollziehen zu können.
Wie ich gerade erfahren habe, ist A zum Fußballländerspiel der Deutschen gegen Zypern dorthin gereist. Diese Nachricht hat mich etwas verwirrt. Genauso wie Dein Hinweis auf heute vor 15 Jahren. Was war denn nochmal am 15.11.1991?
Nach Deinen kryptischen Ankündigungen habe ich jetzt schnell mal in meinem Archiv nachgesehen und festgestellt, dass wir vor genau 15 Jahren das Sandow-Konzert in Brandenburg besucht haben. Da das gewissermaßen die Geburtsstunde der Telekom-Song-Reihe war, nehme ich an, dass diese nun zum Jubiläum endlich veröffentlicht wird. Wo er-

scheint sie denn (BMG?) und wird die Release-Party bei MTV übertragen?
Ja, ich habe die Karte noch. Sie liegen bei mir alle in einem Schuhkarton. Manchmal sehe ich sentimental hinein und weine ein bisschen, wenn ich die Eintrittspreise mit den heutigen vergleiche. Wobei ja Hugh Cornwell vor zwei Wochen mit seinen 14 Euro noch ganz human war. Die Information des Datums des Sandow-Konzerts habe ich allerdings zuerst im Durchschlag eines Briefes gefunden, in dem ich seinerzeit einen Besuch bei unserem Freund B verschob, weil wir am von ihm vorgeschlagenen Tag zu Sandow fahren mussten.
Die Spectators-CD ist natürlich eine großartige und längst überfällige Idee. Zum zwanzigjährigen Jubiläum sollte dann die DVD folgen. Man könnte zu allen Songs das Testbild der zur Telekom gehörenden Kabel Deutschland AG einblenden, das man immer zu sehen bekommt, wenn der Film gerade an der spannendsten Stelle unterbrochen und dann an einer zwanzig Minuten später gelegenen Stelle wieder eingespielt wird. So könnte beispielsweise am Anfang der DVD eine leere Bühne zu sehen sein, dann zur Musik eine Stunde lang das Testbild und zum Schluss noch mal die gleiche Bühne mit jubelnden Zuschauern im Hintergrund. Ende.
Ich schicke Dir ein paar Texte für das CD-Booklet.

Hallo, nachdem klar wurde, dass wir uns um die Weihnachtszeit nicht treffen, sank mein Interesse an einer solchen Veranstaltung, zumal wir auch nur zwei Tage in Rathenow sind, da werden wir uns dann meinen Eltern widmen. C sehe ich ohnehin alle zwei Wochen, F würde ich gerne wieder treffen, aber ansonsten würde es glaube ich eher steif werden in Richtung des von Dir beschriebenen Jahrgangstreffens. Am 25. fliegen wir dann wieder auf die Kanaren. Ich nehme an, ihr reist nach Griechenland, wir winken Euch dann am 23. aus dem Zug zu, falls wir uns unterwegs begegnen, wenn ihr zum Flughafen und wir nach Rathenow fahren.

C fliegt übrigens zum Jahreswechsel nach Sri Lanka, wo eine Freundin von ihm arbeitet. Da beneide ich ihn ja ein bisschen. Andererseits hat das Bekannte auch seine Vorzüge. Ich arbeite mit ihm an der Veröffentlichung der alten Aufnahmen der Spectators, er überarbeitet sie noch mal tontechnisch und macht ein Booklet, wofür ich ihm schon einen Tourbericht, Rezepte und Fotos zugesteuert habe. Das wird sicherlich phänomenal. Die Karte von unserem Konzert habe ich auch noch in einer Kiste, wo ich alle Konzertkarten aufbewahre. Ich habe allerdings nicht nachgesehen, ob die Tone Dogs auch bei mir unterschrieben haben. Irgendwie habe ich in Erinnerung, dass ich ihnen dafür meinen DDR-Ausweis gegeben hatte, den ich allerdings nicht mehr besitze, da ich der netten Frau in der Meldestelle beim Umtausch in die neue Kennkarte sagte, sie könne ihn behalten. Bei dem legendären Konzert, bei dem Rammstein Vorband von Sandow waren war ich mit C im Metropol, dass zwischenzeitlich ein Nobel-Restaurant-Club wurde, der aber auch schon wieder pleite ist und jetzt leersteht. Ich stand bei Rammstein wie die meisten Besucher an der Bar, wo man Bemerkungen wie „Was ist denn

das für eine sexiststische Scheiße?" über die Band hören konnte. So ändern sich die Zeiten.
Dann wünsche ich einen Schönen Urlaub.
Beste Grüße

Hallo!
Nun sind wir nach zwei Wochen Dauersonnenbestrahlung wieder zurück im grauen Berlin, in dem aber für die Jahreszeit geradezu subtropische Temperaturen herrschen. Unsere Balkonblumen blühen seit dem Frühling und auch die Bäume bilden neue Knospen.
Auf Teneriffa war es sehr schön. Wir hatten uns, um uns voll auf die einheimische Kultur einzulassen, einen Seat Cordoba gemietet. Der schien allerdings nicht auf die Höhenverhältnisse vorbereitet zu sein, denn als wir vom Pico del Teide aus fast 3000 Metern wieder zum Meeresspiegel hinabstiegen, qualmten die Bremsen ordentlich. Die waren wohl falsch eingestellt, denn das Auto kam gerade aus der Fabrik. Aber auch vorher roch die Innenverkleidung schon nach verbranntem Gummi. Ein angenehmer Neuwagengeruch, den es ja sogar in der Spraydose gibt, damit die Autohändler ihre Kunden damit verzücken können, war das jedenfalls nicht.
Der Verkehr auf Teneriffa ähnelte dem von Berlin im Feierabendverkehr und das zu jeder Tageszeit. Bei unserem letzten Besuch war mir das nicht so aufgefallen. Sicherlich lag es auch ein bisschen an den Feiertagen. Das letzte mal waren wir zu Ostern da, vielleicht wird das dort traditionell ruhiger verbracht.
Wir waren in einer Hotelburg untergebracht, die außer der Massenabfertigung keine Wünsche offen ließ. Im Informationsblatt des Hotels wurde eindringlich darum gebeten, die Liegen am Pool nicht mit Handtüchern zu belegen. Erstaunlich war, wie geschickt das Foto der Poolanlage im Internet präsentiert war, denn wenn man davor stand, erkannte man den Tümpel nicht wieder. Aber wir hatten ohnehin nicht vor, uns dort aufzuhalten.

Nach einem Krankenhausbesuch mit G am zweiten Tag, wo er plötzlich hohes Fieber bekam, lief alles einigermaßen entspannt ab. Wir fuhren morgens oft zum Playa del Socorro, der unter einer bröckelnden Steilküste gelegen ist und nur mit dem Auto erreichbar und dementsprechend angenehm nicht überfüllt.

Einige Bergtouren musste ich angesichts der Anfälligkeit meiner Familienmitglieder für die Umkehr der Verdauung in Richtung von unten nach oben alleine absolvieren. So auch die Fahrt auf der mit jeweils drei Meter hohen Warnschildern in allen gängigen Sprachen versehenen Straße zum nordwestlichsten Punkt der Insel – der Punta de Teno. Die Schilder sagten, dass die Straße gesperrt und wegen der Erdrutschgefahr nur für Menschen mit spezieller Genehmigung zu befahren sei. Trotzdem fährt da glaube ich fast jeder weiter und es lohnt sich, denn die Landschaft ist gnadenlos schön. Am Ziel kann man die riesigen unberührten Felsen der Westküste bewundern, die „Los Gigantes", denen man sich auch von Süden her nähern kann. Dort in Puerto de Santiago badeten wir in einem „natürlichen Pool", der allerdings von einer Betonmauer vor dem offenen Meer geschützt wird, ursprünglich aber tatsächlich aus Lava geformt wurde.

In Brasilien ist es sicher heiß. Hoffentlich schwitzt C nicht zu sehr mit Eurem zweiten Jungen im Bauch.

Beste Grüße

Hallo!
Die Straße auf den Teide ist geteert, geht aber nur bis auf knapp 3000 Meter hoch. Den letzten knappen Kilometer muss man mit einer Seilbahn zurücklegen, was wir aber nicht gemacht haben, da dort ein paar hundert Leute anstanden und sich die Schlange nicht merklich vorwärtsbewegte. Der Gipfel ist wohl durch den Vulkanausbruch entstanden, allerdings gibt es noch mehr Krater, von denen der letzte noch vor hundert Jahren aktiv war. Man kann in dieser Marslandschaft gut sehen, wo die etwas neueren Lavaströme entlang flossen und wo die Erosion schon länger Zeit hatte, das Vulkangestein zu zersetzen. Auf dem Gipfel lag dieses Mal kein Schnee, wahrscheinlich macht die Klimaerwärmung auch dem ein Ende. Auch hier ging es diesen "Winter" noch nicht unter null Grad und der Einsatz von Gs Weihnachtsgeschenk (Schlitten) bleibt fraglich. Immerhin hat er auch einen „Laptop" bekommen, der Fragen stellt und ordentliches Nervpotential besitzt: „Nein, das ist nicht richtig, versuche es noch einmal!" und „Steck eine Karte ein, um zu lernen!" kann ich schon nicht mehr hören.
Gestern hat er seine Grippeimpfung bekommen. Unser Sohn verzog bei der Prozedur keine Miene. Der Arzt fragte, ob es denn wehgetan habe, was G bejahte. „Und da weinst Du gar nicht?", fragte der „Onkel Doktor", was unser Sohn nur mit einem knappen: „Bin schon Großer." beschied. Da hat er seinem Vater anscheinend einiges voraus, der ziemlich allergisch auf Nadeln in seinem Körper reagiert.
Beste Grüße

Hallo!
Auch euch noch ein hervorragendes neues Jahr, für das was noch davon übrig ist. Wir kommen gerade von einem Tagesausflug nach Rathenow. Bei dieser Gelegenheit habe ich meine Eltern dringend ermahnt, die CD der Spectators of Suicide in Eurem Briefkasten abzuwerfen. Ich denke, sie ist sehr gelungen, C hat die alten Aufnahmen bearbeitet und auch ein paar neue Sachen aufgenommen. Gemeinsam haben wir in kurzen Essays die Geschichte der Spectators aufgearbeitet. Dabei ist ein umfangreiches Booklet entstanden. Auch mein Fotoarchiv habe ich durchstöbert und alte Aufnahmen für die CD-Gestaltung gefunden. Meine Eintrittskarte habe ich bei dieser Gelegenheit auch wiederentdeckt und sie trägt wie die von C die Tone-Dogs-Unterschriften. In meinem DDR-Ausweis muss wohl jemand anders unterschrieben haben, das konnte ja auch nicht hinkommen mit Ende 91, da hatte die Bundesdruckerei uns ja sicher schon unsere BRD-Identifikationskarten zur Verfügung gestellt, auf denen kein Mensch mehr unterschreiben kann. Deshalb verweigere ich mich dem auch und besitze nur einen Reisepass.
Mit F hätte ich mich auch gerne wieder getroffen, ich bewundere immer seine positive Grundhaltung, die ich ebenfalls gerne an den Tag legen würde, mir aber bei einer realistischen Abwägung eingestehen muss, dass ich diesen Zustand leider nie erreichen werde. Das Rummeckern gehört zum Naturell, da kann ich nichts ausrichten. Dass Tom mit seinen Aktionen und Streik endlich mal dafür sorgt, dass die deutschen Ärzte nicht weiter verhungern, finde ich auch toll. Hattest Du am Jahresanfang auch die Rundmail von ihm erhalten in dem er die Leute aufforderte, zu seinem Umzug in das Haus zu kommen, das er gerade gekauft hat?

Der Rentneranteil in unserem Hotel auf Teneriffa betrug wie bei Euch über 90%. Dabei war ein großer Teil davon sehr sympathisch, ganz anders als man es von dieser Altersgruppe in Berlin gewohnt ist. Ich beneide V wirklich nicht um ihren Job, in dem sie es zum größten Teil mit alten Leuten zu tun hat. Was ich da manchmal so höre, dagegen ist der Lagerkoller im Fichtelgebirge wahrscheinlich noch harmlos. Auf Teneriffa gab es ein altes Pärchen, die sich immer freuten uns zu sehen und G Süßigkeiten zusteckten. Er erinnere sie so an ihren Sohn, der inzwischen schon über 50 ist. Sie wohnen in der Pfalz und sehen aus dem Fenster direkt auf einen Weinberg. Das scheint zu prägen, Die Regionaldiskussion in bezug auf die Meckermentalität hatten wir ja schon geführt. Dort war man jedenfalls im Allgemeinen erstaunlich entspannt.
28. oder 29. könnt Ihr Euch aussuchen. Zum Brunchen gibt es hier in der Nähe einige Möglichkeiten.
Bis dann

Hallo,
da wünsche ich auch erst mal ein gesundes neues Jahr für die ganze Familie und freue mich natürlich, dass ihr wieder heil zu Hause angekommen seid.
Auch wenn dies wieder ein wenig Anpassung erfordert, so waren die Temperaturunterschiede zwischen den Kanaren und Deutschland auch schon mal größer. Ansonsten hoffe ich, dass es euch gefallen hat. Wie vor Weihnachten dargestellt, waren wir vom 23.12. bis zum 27.12. in Bayern (Fichtelgebirge). Dies war eigentlich sehr spannend und auch eine völlig neue Erfahrung. Ein paar Tage vor uns wurde nämlich in unserem Hotel "Zum Hackelstein" ein Bus Rentner abgekippt. So waren wir über die Feiertage nicht allein, sondern hatten tolle Unterhaltung. Vorweg kurz eine Anmerkung: Es ist nicht besonders hilfreich, wenn man derart alte Leute aus dem Bus kippt und der Bus dann einfach abhaut, das Hotel mitten im Wald steht, der nächste Ort einen Kilometer Luftlinie (bei 200 Höhenmetern) entfernt ist und Fuchsmühl heißt und 300 Einwohner beherbergt. Dies führte dazu, dass unsere Miturlauber ständig auf eine der täglichen drei Mahlzeiten warteten, da weiter nichts zu tun war. Da kann bei zwei Wochen Urlaub schon mal Lagerkoller aufkommen.
Jedenfalls waren wir am 24.12. Extrem-Wandern. Das bedeutet so ca. 22 Kilometer im Mittelgebirge. Ab 16.00 Uhr gab es dann die gemeinsame Weihnachtsfeier für alle Hotelgäste. Richtig schön, mit Kaffee und Kuchen und kleinen Geschänken und anschließenden Abendbrot, wonach der Tag mit einem gemütlichen Beisammensein ausklang. Nach einiger Zeit hatte man sich auch an das Umfeld gewöhnt. Wobei der Wirt uns alle wegen Weihnachten eingeladen hatte. Auf Grund der Klientel

eigentlich kein Risiko (nein, ich darf nicht mehr, ich hatte schon zwei Gläser unglaublich süssen Weissweins), allerdings war unsere Anwesenheit wohl nicht mitberechnet worden. Was solls. Die Gespräche am Tisch waren jedenfalls so wie zu erwarten war.
Am nächsten Morgen saßen wir beim Frühstück, als Gisela mit ihrem Rollator reinfuhr. Mit einem herzlichen "ein gesundes neues Jahr wünsche ich" wurden wir alle auf das herzlichste begrüsst. Auf Grund meiner Eziehung war ich bereit dies zu akzeptieren und nahm weiter mein Frühstück zu mir. Eine andere Mumie schrie aber gleich, dit is weihnachten (wie alle anderen auch aus Berlin). Wie man überhaupt sagen muss, dass der Umgang der Alten untereinander nicht gerade von Höflichkeit und gegeseitigen Respekt geprägt ist, sondern vielmehr von Hass und Verachtung. Letztlich behandeln sich die alten untereinander schlimmer als Leute in unserem Alter jemals mit Ihnen tun würde. Siehe Lagerkoller. Ob nun einer beim Bingoabend die regeln nicht verstanden hat (bist du doof, können wir jetzt endlich, musste mal hinhören, das kapiert der nie) bis hin zur Frage wer die 12 Plätze im Auto nach Weiden besetzen kann (natürlich fahren wir da mit, und wenn ich mich morgen früh gleich rausstelle, was will die denn da(zu einer Frau auf Krücken, die auch gerne mit wollte)). Wobei der Bingoabend schon Klasse, weil es auch stets mehrere Gewinner gab, da es nur eine begrenzte Zahl unterschiedlicher Karten gab. War aber lustig. Soweit dazu.
Vor Weihnachten habe ich mich mit F und Tom im Cafe-INN getroffen. War teilweise interessant. Zumindest der Teil mit F. Tom verstehe ich ja schon seit einigen Jahren nicht mehr. Wobei die Ausführungen zur Gesundheitsreform und zum Streik an

seinem Klinikum micht nicht so richtig interessierten. Aber was solls.
Auf die Zusammenstellung von C freue mich schon. Da kann man so gut in Erinnerungen schwelgen.
Wie haben ja noch ein Date offen. Wie sieht es denn am 27. oder 28. Januar aus. (Bspw. Brunch und anschließend ein Bier zum nachspülen oder so ähnlich.
Gruß

Hallo!
Schön, dass bei Euch alles seinen Gang geht. Bei uns sieht es genauso aus, der Alltag schleppt sich so gleichmäßig dahin. Am Wochenende gab es tatsächlich etwas Schnee und wir sind gleich in die Müggelberge aufgebrochen und Schlitten gefahren. G konnte also sein Weihnachtsgeschenk doch noch ausprobieren und hatte große Freude daran. Wir wanderten zum Müggelturm hinauf, von wo aus man einen schönen Blick auf den See hat, nur das Gebäude selbst darf man sich nicht ansehen, eine ziemliche Bruchbude, wo vorher mal ein Restaurant war. Das wird jetzt von einer Imbissbude ersetzt, die eher von der schlechteren Sorte ist. Hunde rannten in der Küche herum und der Verkäufer war mit Bestellungen von mehr als drei verschiedenen Sachen stark überfordert. Die Familie, die vor uns anstand (G wollte wie immer wenn wir unterwegs sind Bratwurst essen), bestellte sogar zwei verschiedene Würste und drei verschiedene Getränke. Ich glaube, ich musste die vom Verkäufer gestellte Frage „Was war das noch mal?" so um die zehn Mal ertragen.
Am Sonntag regnete es und die weiße Pracht schmolz innerhalb eines Tages dahin. Wir bekamen Besuch von einem Freund aus Rathenow und seiner Frau und gingen zum Brunch, den hier in der Gegend unzählige von Kneipen anbieten. Trotzdem war es gar nicht einfach, einen Platz zu bekommen. Trotzdem diese sonntäglichen Buffets hier schon seit mehreren Jahren existieren, scheinen sie immer noch stark in Mode zu sein.
Dann wünsche ich weiterhin alles Gute für den kommenden und auch den schon vorhandenen Nachwuchs.
Bis bald

Hallo!
Hier ist es weiß geworden, die Medien berichten von Chaos auf den Straßen, Unfällen, Staus, Zugverspätungen und anderen widrigen Umständen. Früher nannte man das einfach Winter, jetzt ist offensichtlich jede Schneeflocke zur Sensation geworden. Wir haben uns gestern trotzdem ins Auto gesetzt und sind nach Wandlitz gefahren, wo die Schneedecke noch dichter war als in Berlin und man gut Schlittenfahren konnte. Es war ziemlich windig und unser Picknick am See wurde deshalb eine kurze zugige Veranstaltung.
Im dichten Buchenwald rund um den See herum spürte man den Wind aber nicht so unangenehm, nur wenn er mal in die Baumkronen fuhr merkte man es, da der dort liegende Schnee heruntergeweht wurde. Ich bin mit G die Berge am See heruntergerauscht. Einen kleinen Hügel hat er sogar alleine bezwungen und war auch sehr stolz darauf. Letzte Nacht hat es dann auch in der Stadt geschneit und wir sind wieder in die Müggelberge gefahren. Dort reichte der Schnee aber nur für zwei oder drei Fahrten pro Abhang, dann war er so versandet, dass keine Fahrt mehr aufkam. Wir sind dann noch schön an der Spree spazieren gegangen, bis es zu nieseln anfing. Morgen ist wieder Tauwetter angesagt.
G kann inzwischen bis zwanzig zählen, wobei er die vierzehn, fünfzehn und sechzehn konsequent ignoriert. Windeln braucht er nur noch zum Schlafen, das hilft schon etwas, wenn das ständige Gewechsel wegfällt. Aufs Klo geht er auch alleine. Wenn er merkt, dass er muss, zieht er an Ort und Stelle die Hosen herunter, die ihm dann in den Knien hängen, während er in Richtung Bedürfnisanstalt watschelt. Eine sehr lustige Phase. Er ist sehr stolz auf unser Auto, das er „Komischer Mund" nennt, weil

es von vorne so verkniffen durch den Kühlergrill lächelt. Als die Mutter von seinem Kumpel Julius letztens mit ihm in einen zweisitzigen Smart einstieg fragte G ihn: „Ein großes Auto hast Du gar nicht?".
Wann ist es denn mit Eurem Nachwuchs so weit?
Beste Grüße

Gruß!
So, nun ist es amtlich. Wir laden am 01.04. zur Rozz-Williams-Memorial-Night oder, wie ich es nenne, R-W-Gedächtnisabend. Neben nie gezeigtem, gespieltem Video- und Musikmaterial, gibt es den Film Pig mit Herrn Williams in der Hauptrolle und den ersten Liveauftritt des Projekts Aura Navarre zu sehen. Wir werden ausschließlich Interpretationen seiner Songs zu Gehör bringen, von den abgefahrenen mit Bass oder Klavier begleiteten Spoken-Word-Stücken bis hin zu akkustisch gitarriertem Gesangesmaterial. Für die, die sich trotz ihres fortgeschrittenen Alters immernoch jung fühlen, gibt es anschließend auch ein buntes Potpourri an Tanzmusike zu hören. Der Thule-Klub (ehemals Mad'n'Crazy) in Pankow dient als Austragungsort. Thulestraße 1 ist direkt an der Schönhauser Allee (Eckhaus).
Heute hatte ich nun endlich meinen Jobcentertermin. Die Aussichten eine Umschulung zum Altenpfleger genehmigt zu bekommen sind für mich fast gleich null. Zusammenfassend kann ich sagen, vorher einen Pflegebasiskurs zu machen, war ein taktischer Fehler. Naja, war trotzdem kein schlechtes Gespräch, mal schauen.
Die Band SOS? Viel ist über diese Vollblut-Rock'n'Roller ja nicht bekannt. Nach meiner Kenntnis haben die sich aber am 31. 12. 2000 mit einem grandiosen Abschiedskonzert (Ich war selbst Zeuge, a holy night!!!) für immer zurückgezogen. Im Netz konnte ich auch mal einen ihrer legendären Flyer zur WE WERE HERE TOUR ersteigern. Die Besonderheit war, daß die Flyer immer kurz nach den Konzerten in den Städten verteilt wurden, auf denen dann zu lesen war, wann und wo der Auftritt stattfand. Leider gab es damals große Probleme mit den Veranstaltern und den Fans, Höhepunkt war

die berüchtigte Berliner WE HEARD YOU Party auf der ein letztes mal SOS Tapes gespielt wurden, die dann anschließend von der aufgebrachten Menge zertrampelt wurden, die Tour mußte nach nur drei Wochen abgebrochen werden. Der einzige öffentliche Kommentar der Spectators war, glaub ich: "Pech gehabt, Idiotenpack das. That's Art!"
Unser Auftritt wird eher eine besinnlich abgedrehte Einleitung des Abends sein. Ich bin abwechselnd mit meiner Akkustikklampfe und meinem Bass zu hören. Eine klassische Bandbesetzung haben wir ja nicht. Allein schon unser Anfang in dem wir über 10 bis 15 Minuten drei Songs von ihm miteinander verbinden ist es absolut Wert. Der extreme Wechsel zwischen den melodisch eingängigen Akkustikgitarrenstücken und den abgedrehten Spoken-Words Teilen ist der eigentliche Spannungsbogen. Ich hoffe mal, das Publikum ist offen genug.
Mit Sandowistischem Gruß

Hallo!
Ja, jetzt wo der Klimawandel in aller Munde ist, haben wir uns wie Du schon sagst eine Kohlendioxidschleuder zugelegt. Aber dafür verzichten wir dieses Jahr auf die sommerliche Flugreise und verbringen den Sommerurlaub in Oberwiesenthal. Damit gleichen wir unsere familiäre Klimabilanz wieder aus. Gs „Komischer Mund" ist ein Honda Jazz. Der ist vom Innenraum sehr großzügig, was mir sehr entgegenkommt. Auch um Sachen zu transportieren ist er sehr praktisch. Allein die Federung ist sehr hart, was bei den sich stetig mehr auflösenden Berliner Straßenbelägen schon etwas unangenehm sein kann.
Schade, dass es mit Cs Schwangerschaft so schwierig ist. V hatte ja diese Schwangerschaftsvergiftung mit etlichen Krankenhausaufenthalten, da wird die Vorfreude schon ziemlich getrübt. Aber es wird schon alles glattgehen.
Mit der Doktorarbeit schleppt es sich ziemlich. Die Kontakte für meine empirische Untersuchung sagen mir laufend ab und ich bekomme keine Daten. Mein „Doktorvater" kümmert sich nicht und gibt mir zu verstehen, dass er keine Lust hat, seine Zeit mit mir zu verschwenden. Aber vielleicht wird es trotzdem noch was. Nobelpreisverdächtiges ist aber nicht mehr zu erwarten.
Anfang Mai werden wir eine Woche verreisen. Wenn Du danach hierzulande weilst, wäre es schön, wenn Du die Zeit findest, uns zu besuchen.
Beste Grüße

Hallo!
Dann werde ich mir den 1.4. mal freihalten. Die Idee ist natürlich großartig. Ich hoffe, der Club macht ein bisschen Werbung und die alten Rozz-Fans tauchen auf.
Das Job-Center bezahlt so wie ich mitbekomme so etwas wie Umschulungen so gut wie gar nicht mehr. Man muss dafür jetzt das Arbeitslosengeld I beziehen und dann wird einem pro Monat Umschulung die Anspruchsdauer für einen halben Monat gekürzt. Also wenn man eine zweijährige Umschuluing machen will muss man gerade nach mehr als zwei Jahren Arbeit arbeitslos geworden sein und hat danach dann keinen Anspruch mehr auf Arbeitslosengeld I. Wahrscheinlich gibt es solche langen Umschulungen über das Arbeitsamt gar nicht mehr. Früher hat sich die Anspruchsdauer durch die Umschulungszeit teilweise sogar noch verlängert. Mit Arbeitslosengeld II fällt man da anscheinend völlig raus. Kein Wunder, dass die Bundesagentur im letzten Jahr Überschüsse „erwirtschaftet" hat.
Wir haben G nach Rathenow kinderlandverschickt und uns ein gemütliches verlängertes Wochenende an der Seenplatte in der Nähe von Rheinsberg gemacht. Leider hatte uns kurz zuvor die Erkältungswelle erreicht und wir konnten hoteleigene Sauna und Sachwimmbad nicht nutzen. Aber auch so war es ganz entspannend. Wir schlenderten im Schlosspark von Rheinsberg und ließen uns im „Jungen Fritz" mit altdeutscher Küche verwöhnen.
Am Donnerstag steht der Grand-Prix-Vorentscheid an. Es treten wie ich gehört habe die Popstars-Casting-Band, H.R.Kunze und jemand mir unbekanntes an. Wie ist das denn passiert? Bewirbt sich da niemand anderes? Das muss sich ändern. Dass der furchtbare Moderator des Comedy-Clubs die

Sache moderieren soll fällt dann wohl nicht mehr ins Gewicht. Ich werde mir das zu erwartende Debakel trotzdem ansehen, um gedanklich wieder einmal den Untergang des Abendlandes beklagen zu können.
Beste Grüße

Hallo!
Vielen Dank für den lustigen Augentest. Wir sind heute zuhause geblieben, denn das Wetter war sehr unangenehm windig und regnerisch, außerdem ist G ziemlich erkältet. Am Donnerstag ist er mit Emil zusammen gerannt, die beiden sind hingefallen und G hat sich an zwei Fingern ein bisschen Haut abgeschürft. Die Wunde wurde mit einem Pflaster behandelt, das fünf Minuten später wieder entfernt werden musste, um dann durch ein neues ersetzt zu werden. Das blieb dann auch die ganze Nacht am Finger. Am Morgen allerdings musste es die Sicht auf die Wunde wieder freigeben, denn im Flur des Kindergartens wurde die Verletzung stolz sämtlichen mehr oder weniger Interessierten vorgeführt. „Gestern mit Emil gerannt." war der Kommentar. Allerdings steht bei G „gestern" für alles Vergangene, auch wenn es schon mehrere Wochen zurückliegt.
Alle müssen jetzt mit ihm erzählen, der Teddy, Magali und Cascao gehen jeden Tag Kuchen kaufen und essen ihn dann zusammen mit G. Sogar die Pflanzen am Wegesrand müssen erst mit Papas Stimme sagen, dass sie durstig sind, bevor er sie mit seinem „Pipi" gießt. Ebenso muss der Zahnteufel vor dem Zähneputzen jammern, dass er eigentlich gar nicht raus will. Und der Ohrteufel am Wattestäbchen will natürlich nicht in den Müll geworfen werden.
Bis bald

jetzt muss ich doch mal wieder in die tasten hauen, war ziemlich busy diese woche. da habt ihr ja ein schoenes auto, der honda jazz gefaellt mir auch. hier heisst der glaube ich honda fit, oder so aehnlich. aber neu zu teuer. habt ihr den gebraucht gekauft. da wird euer G voller stolz sein. an der windelfront tut sich einiges. pinkeln geht schon mehr oder weniger, das grosse geschaeft fangt sich an, an die regeln der allgemeinheit zu halten. hat ja lange genug gedauert.
tut mir leid, dass deine doktorarbeit so zaeh voran geht. vielleicht solltest du ein paar euro dafuer freimachen, damit die leute etwas besser motiviert sind. oder ein paar flaschen guten norddeutschen korn spendieren.
das wetter ist im moment ganz angenehm, nach dem heftigen regen gabs jede menge moskitos, sind aber jetzt deutlich weniger geworden.
heute gibts den gut gesalzenen bacalhau, mir ist schleierhaft, was den leuten hier daran schmeckt. ende april bin ich ja wieder im lande, und dann kann ich mal wieder frischen spargel essen. ansonsten geht hier alles seinen langsamen gang.
na, das wars fuers wochenende
haltet die ohren steif

Hallo!
Hier hat es auch kräftig geregnet, die Moskitos halten sich allerdings in Grenzen, auch wenn wir laut Voraussage der Meteorologen und Biologen ja bald die Malariamücken hier haben werden. Ab heute soll es freundlich und mild werden, vielleicht kommen sie dann.
In der Windelsituation gibt es hier keine Veränderungen. Im wachen Zustand klappt alles aus eigener Kraft. Zum Mittags- und Nachtschlaf werden die Plastikhosen aber immer noch gebraucht. Im Kindergarten versuchen sie es ab und zu, zum Mittagsschlaf ohne auszukommen, dann müssen wir am nächsten Tag einen frischen Schlafanzug mitbringen. Für G ist immer noch Weihnachtszeit. Fast jeden Tag müssen die Lieder der „Weihnachtsbäckerei" gehört werden. Da kann der Osterhase bis jetzt nicht mithalten und wird weitgehend ignoriert.
Das Auto haben wir neu gekauft, allerdings mit der kleinsten Motorisierung. Im staugeplagten Flachland macht das auch kaum einen Unterschied. Im Stadtverkehr ist er sehr sparsam, aber wenn man auf der Autobahn aufs Gas tritt, schluckt er kräftig das gute Benzin, das jetzt einen Euro dreißig kostet und zu Ostern wahrscheinlich das erste Mal die einsvierziger Grenze überspringen wird. Da fahren wir übrigens nach München und machen uns ein paar schöne Tage.
Ich habe jetzt eine Berufsschule gefunden, bei der ich meine Interviews machen kann. Das Problem ist, erst mal einen Schulleiter zu finden, der das mitmacht. Die haben alle keine Lust auf die zusätzliche Arbeit. Einige melden sich nie wieder, wenn man angefragt hat, einige vertrösten einen immer wieder nach dem Motto „Klar da unterstütze ich Sie natürlich, das ist ja auch für uns interessant!",

aber dann hört man nichts mehr, wenn man nachbohrt wieder das Gleiche, alles sei in Vorbereitung und irgendwann schreiben sie dann eine Mail, dass es doch gerade nicht geht. Vielleicht muss ich doch mal mit einer Flasche Schnaps vorbeigehen. Aber ob das bei den Herren Schulleitern zum Erfolg führt, ist auch fraglich. Eine Schule habe ich immerhin, aber da gibt es nur junge Männer. Und eine Untersuchung ohne den weiblichen Anteil geht natürlich nicht. Aber das wird schon noch, wenn es auch ein bisschen belastend ist.
Beste Grüße
Neues von G
Wir haben das herrliche Wetter am Wochenende genutzt, in den Treptower Park zu fahren. Dort gibt es einen Waldspielplatz, auf dem alle Spielgeräte aus Holz sind, nichts aufwändiges, aber G gefällt es immer sehr gut. Er balanciert auf den Balken und Baumstümpfen, die dort zu einer „Langen Schlange" aufgereiht sind und fährt mit der Eisenbahn, die ebenfalls aus Baumstämmen besteht. Die Sträucher und Bäume beginnen zu grünen, der Bärlauch wuchert geradezu und trägt uns den Geruch von Zwiebeln und Knoblauch zu.
Ich habe G in der vergangenen Woche, in der er krank war angewöhnt, dass ich mich in seinem Zimmer in die Hängematte lege, bis er eingeschlafen ist. Obwohl es ihm jetzt besser geht, fordert er immer noch das gemeinsame Einschlafen ein. Wenn er sein Fläschchen ausgetrunken hat, ruft es „Papa" mit zunehmender Lautstärke und wachsendem Imperativ, so dass ich mich schließlich in die Hängematte lege und das monotone „Alle schlafen schon" – Lied anstimme, das wir selbst komponiert haben. Es beginnt mit „Emma schläft schon", „Timon schläft schon", „Jonathan (G: Jodathan) schläft schon". Weiter geht es mit seiner aktuellen

Gruppe: Emil, Matthis, Anna-Lena, Sophia, Ellen, An, Marius („Stänkert immer"), Josephine, Ilvy, Nika und Maurice. Auch Ihr kommt dann an die Reihe, gefolgt von Elke, Heidi und Elsa. Dann gibt es eine Pause. Meist ertönt dann: „Nochmal!". Wenn nicht, warte ich noch eine Minute und schleiche mich heraus. Gestern bekam ich dann beim Knarren der Haken der Hängematte ein „Noch nicht! Ich schlafe noch gar nicht!" zu hören und wir mussten noch die Weihnachtsbäckerei intonieren.

Heute habe ich G aus seinem Rotkäppchenbilderbuch „vorgelesen". (Die Grimm-Märchen werden bei mir immer etwas abgeschwächt. So sperrt der Wolf die Oma in den Schrank ein, weil er selber den Kuchen essen will, den Rotkäppchen bringt.) Das vorletzte Bild im Buch zeigt den Jäger, wie er vor dem Bett der Oma steht, in dem der Wolf schläft. Der Jäger sagt: „So jetzt bringe ich Dich in den Zoo!" Beim zehnten Mal „Vorlesen" dieser Stelle ruft G dem Jäger entrüstet zu: „Nee, machst Du ja gar nicht, Du stehst da nur rum!"

Hallo!
Wir sind am Freitag um 4.30 Uhr (ja, es ist tatsächlich nicht 16.30 gemeint) nach München aufgebrochen und haben es deshalb ohne Osterstau bis 9.30 zu unserem Hotel in Unterföhring geschafft, direkt am nördlichen Englischen Garten gelegen. Da gab es für G einiges zu sehen. Neben Pferden und Hunden (letztere ähnlich viele wie in Berlin aber reinrassiger) zum Beispiel auch ein schwarzes Eichhörnchen. Es hatte einen weißen Bauch und nein, keinen gestreiften Schwanz, roch auch nicht wie ein Stinktier und kletterte wie die althergebrachten Eichhörnchen auf den Bäumen herum. Ich nehme an, dass es sich dabei um das Ergebnis eines Zuchtprogramms einer radikalen CSU-Landesregierung handelte. Auch eine schwarze Ente bekamen wir zu sehen, wobei man sagen muss, dass die Christsozialen in diesem Fall wirklich etwas übertrieben haben, da die Enten ja zuvor nicht mal rot waren wie die ursprünglichen Oachkatzlschwoafs.
In der Nähe des Hotels lag auch der Aumeister-Biergarten, wo wir jeden Tag Haxen speisten und Weißbier tranken. Er wird ansonsten vorwiegend von Münchnern besucht, ist deshalb aber nicht - wie man denken könnte - preiswerter als der am chinesischen Turm, welchen wir am Ostersonntag besuchten. Beim Ostereiertrudeln am Hügel des japanischen Teehauses waren wir komischerweise die Einzigen. Diese beliebte abendländische Kulturtechnik scheint im Bajuwarenland nicht verbreitet zu sein. Den Anblick des Teehauses kommentierte G mit: „Das ist ein Turm, da machen die: Aber bitte mit Sahne!" Offensichtlich verwechselte er das Gebäude mit dem Rathenower Bismarckturm, zu dessen Füßen bei unserem letzten Besuch anlässlich der LAGA eine Coverversion dieses Udo-

Jürgens-Schlagers zum Besten gegeben wurde. Nachdem wir unter lauten Aber-bitte-mit-Sahne-Schlachrufen an verängstgten Japanern vorbei deren exterritoriales Nationaldenkmal erklommen hatten, schloss G das Thema frei von Enttäuschung mit den Worten ab: „Nee ist der ja gar nicht."

Das Surfen auf dem Eisbach, der von Zentrum unter der Prinzregentenstraße hindurch in den Englischen Garten schießt, ist jetzt zum Volkssport geworden. Als wir zum letzten Mal vor fast fünf Jahren die Bayerische Landeshauptstadt besuchten, sah man nur einen Avantgardisten diesem lebensgefährlichen Treiben nachgehen. Diesmal standen mehr als zehn Gestalten in Neoprenanzügen Schlange, um auf der unter der Brücke hervorschießenden Welle zu reiten. G war nur schwer von diesem Treiben wegzulocken. Nur die Aussicht auf eine Tüte Popcorn und eine Apfelschorle im Biergarten überzeugten. Wir haben ihm diesmal eine Einwegkamera gekauft und er konnte selbst die Sehenswürdigkeiten (Müllbehälter, Gänseblümchen, Mama und Papa) „fotoapparieren". Da er aber noch nicht ein Auge separat schließen kann, gestaltete sich das noch etwas schwierig.

Wir besuchten die Schlösser von Oberschleißheim und Lustheim, wo wir bei herrlichem Sonnenschein einsam durch die Gärten schlenderten, während es im städtischen Nymphenburg etwas quirliger zuging. Aber auch da gibt es zum Glück einen Biergarten, in dem man sich erholen kann. Im langgestreckten Schlossteich zwischen Lustheim und Oberschleißheim fütterte G die Karpfen, die man ohne weiteres als Prachtexemplare bezeichnen konnte, die größten erreichten sicher einen Meter Länge und man bekam es ein bisschen mit der Angst zu tun, wenn sie ihr Maul beim Verspreisen der Brötchenstücke aus dem Wasser streckten.

Die südländische Sonne brannte uns das gesamte Osterwochenende auf den Kopf, weshalb sich meine vornehme preußische Winterblässe in einen intensiven unnatürlichen Rot-Ton verwandelte, welcher der bayerischen Landesregierung sicherlich nicht genehm wäre und er auch mir etwas unbehaglich war, da ich schon seit einiger Zeit nicht mehr pflege, meine politischen Anschauungen derart nach außen zu kehren. Aber ich musste mit G – im Gegensatz zu ihm nicht von einer Schirmmütze vor der Sonneneinstrahlung geschützt - jeden Tag die gleiche Tour vom Hotel vorbei an den „Pferchen-Lauf-Galopp" auf dem nahen Reiterhof zum Isarkanal machen, von dessen Brücke auf der einen Seite Äste hineingeworfen und deren Herausschwimmen auf der anderen Seite beobachtet werden mussten. Dann ging es weiter zur Isar und über die St.-Emmeram-Brücke, wobei der gleichnamige Heilige jedes Mal durch kräftiges Klopfen an seiner überdimensionalen hohlen Bronzestatue begrüßt wurde. Dann wurden Hunderte von Steinen in den Flusslauf geworfen und über seitlich einfließende Bäche gesprungen. Der Großstadturlaub wurde zum Naturerlebnis.
Überhaupt hat es ja den Vorteil, in Berlin zu wohnen, dass es einem überall wo man hinfährt wunderschön vorkommt. Hier war es deshalb geradezu überwältigend, die Blätter an den bei unserer Ankunft noch fast kahlen Bäumen und Sträuchern zu einem zartgrünen Teppich heranwachsen zu sehen und den gepflegten Reichtum der Stadt zu bewundern. Als wir nach der Rückfahrt ins graue Berlin zurückkehrten, mussten wir uns deshalb erst mal mit einem leckeren Abendessen im Via Nova trösten. Aber Anfang Mai flüchte wir wieder für eine Woche auf der Deutschen liebste Insel.
Nachträglich noch frohe Ostern!

Ja, wir haben uns ein paar Sachen aufgehoben, damit wir einen Grund haben, noch mal nach München zu kommen. Ausstellungen und Museen haben wir gar nicht erst in Erwägung gezogen, weil G zur Zeit so viel erzählt, dass man ein Kunstwerk nicht in Ruhe betrachten könnte, wenn er dabei ist. Beim nächsten Besuch ist er sicher so weit, dass wir das von Dir empfohlene Technikmuseum anpeilen können. Da gibt es in Berlin aber auch ein sehr gutes, das wir ihm sicher bald zeigen können. Auf dem Viktualienmarkt waren wir bei unserem letzten Besuch vor fünf Jahren. Ansonsten haben wir uns einfach treiben lassen und den Frühling genossen.
Das Hofbräuhaus hatten wir uns eigentlich vorgenommen, aber irgendwie vergessen, letztlich waren wir ja auch nur drei volle Tage da. Die Blasmusik hätte G sicher gefallen. Wenn er so etwas hört, fängt er oft an, die Beine hochzuwerfen, so dass es aussieht, als würde er im preußischen Stechschritt marschieren. Das wäre in München sicherlich nicht so gut angekommen. Keine Ahnung wo er das herhat, muss wohl in den Genen liegen, obwohl es ja dann nur meine sein können und die kommen auch nicht ausschließlich aus Preußen, sondern zum Teil aus dem Schwabenland. Im Biergarten unterhielten sich zwei aus Niederbayern Zugewanderte, wie schwierig die Integration in München sei. Wenn sie jemandem erzählt hätten, wo sie herkommen, wären sie „wie alles, was von nördlich der Donau kommt, als Preußen tituliert" worden. Unter diesem Maßstab nimmt die Zahl der preußischen Gene in unserer Familie wieder zu.
Von der Buchhandlung Hugendubel habe ich noch nichts gehört. Aber da hier in Berlin Buchhandlungen meist nur noch Ramschläden sind, die heruntergesetzte Bildbände und Kochbücher verkaufen,

wäre es sicher interessant, sich so ein traditionelles Haus anzusehen. Beim nächsten Mal.
Regnet es schon in Campina?
Beste Grüße

Hallo,
sehr interessant dein Bericht aus München. Wir waren in den letzten sechs oder sieben Jahren auch jedes Jahr in München und insofern kenne ich viele der von dir genannten Sehenswürdigkeiten. Allerdings waren wir noch nicht im Aumeister-Biergarten. Die Surfer sind uns auch jedes Jahr ein Besuch wert. In der Nähe vom Schloss Nymphenburg befindet sich der Hirschgarten. Dies soll wohl der größte Biergarten Münchens sein. Aber wenn ich das richtig gelesen habe, dann habt ihr den ja besucht. Ansonsten schätze ich an München die total entspannte Atmosphäre, die mit Städten im Norden Deutschlands überhaupt nicht gemeinsam hat. Alles ist überaus friedlich und freundlich. Und das noch nicht mal gekünstelt, sondern ganz natürlich. Aber offensichtlich gibt es dort auch wendiger Probleme, über die die Menschen nachdenken müssen. Insgesamt ist die Gelassenheit dort schon beinahe südländisch. Selbst wenn man zum Stadion fährt und in einer völlig überfüllten S-Bahn-Station steht bekommt man keine Angst, weil auch unter diesen Bedingungen alle entspannt sind. Toll. Die Osterfeiertage haben wir auf der Autobahn verbracht und Familienbesuche unternommen. Am Sonntag waren wir dann mit unsern Fußballfreunden Eiertrudeln und anschließend grillen. Das Wetter war nicht ganz so toll hier, aber zumindest hat es nicht geregnet. Ein schöner Tag.
Am Montag hatte ich dann mit den Nachwirkungen des Eiertrudelns zu tun und konnte die versprochene Mail nicht schreiben. Der Rest der Woche bestand mal wieder aus unheimlich viel Arbeit, Sitzungen und dergleichen. Nur unterbrochen am Dienstag von einem Besuch von F. Mit dem war ich bei Apostoli. Wir haben uns köstlich amüsiert und quasi seine Rückkehr geplant. Da er sich in Rathe-

now offensichtlich überhaupt nicht mehr auskennt (wobei die Kenntnisse vor seinem Weggang auch übersichtlich gewesen sein müssen) haben wir eine Stadtrundfahrt bei seinem nächsten Besuch vereinbart. Mal sehen was das wird.
Ansonsten hoffe ich das es euch gut geht. Wir schleppen und jetzt noch in den Urlaub. Der beginnt nach Himmelfahrt und führt nach Kreta. Danach haben wir wieder soviel Kraft, dass es bis zum nächsten Urlaub reicht. Hoffentlich. Das Schicksal eines jeden Arbeitnehmers in diesem Land.
Bis dann.

Hallo!
Ja, München ist immer eine Reise wert, leider kommen wir zu selten dazu. Der Aumeister-Biergarten ist sehr gemütlich, wie überhaupt alles an dieser Stadt. Schon die Atmosphäre zu spüren, lohnt den Weg, von Sehenswürdigkeiten ganz abgesehen.
F plant seine Rückkehr ja schon seit einer ganzen Weile. So schwierig kann das doch in seiner Sparte nicht sein, kann man doch alles gemütlich per Videokonferenz regeln und entspannt am Rathenower Bürotisch sitzen. Aber jetzt hat er schon ein bisschen lange gewartet, die Kinder dürften schon in der Schule sein, da ist die Umstellung natürlich schwierig. Fachlich werden sie total unterfordert sein, dafür können sie aber an der brandenburgischen Gesamtschule ganz neue soziale Kompetenzen erwerben und lernen, wer oder was „Hartz Vier" ist.
Die Stadtrundfahrt dürfte sicher amüsant werden. Ich nehme an, sie wird im Zentrum beginnen, denn am Schliepengraben wird sich seit seinem letzten Besuch sicher einiges verändert haben. Über das Kurfürsteneck könnt Ihr Euch ja dann zu Fs Wurzeln in die ehemalige Enklave Rathenow Ost begeben, wo er seine ersten sechzehn Lebensjahre verbracht hat. Auch dort hat sich ja einiges verändert. Von einem Besuch in Ritschie's Treff würde ich wie bereits berichtet abraten, es sei denn F gelüstet es nach einem extraordinären Erlebnis. Ansonsten sind meine Ortskenntnisse auch sehr übersichtlich und ich bräuchte wahrscheinlich selbst mal eine Stadtrundfahrt. Immer wieder faszinieren mich die Hinweisschilder, die den Weg zu meiner alten Schule weisen, wo sich ein Fernrohr mit einem unaussprechlichen Namen befinden soll. Falls sie noch steht, wäre natürlich die Probegarage der le-

gendären Spectators of Suicide in den Stadtrundfahrtsplan aufzunehmen. Der Sounds-Bikerclub existiert wohl nicht mehr, wenn ich das richtig mitbekommen habe. Da sollte man mal eine Gedenktafel anbringen.
C hat übrigens vor kurzem ein Konzert gegeben, wo er anlässlich dessen Todestages alte Stücke des ehemaligen Christian-Death-Sängers Rozz Williams zum besten gab. Ich war mit unserer alten Freundin A da, die es inzwischen nach Braunschweig verschlagen hat. Bis zum Konzertbeginn hatten wir schon an die zehn Gin-Tonic getrunken und ich kann die musikalische Leistung deshalb nicht bewerten. Es blieben aber auf jeden Fall Leute vor der Bühne stehen, während andere es vorzogen, sich auf der Leinwand im Vorraum ein altes Christian-Death-Konzert anzusehen; da es zwischen Vorraum und Konzertraum keine Tür gab, lief das natürlich ohne Ton ab, bzw. mit dem Ton von Cs Konzert.
Ein ähnliches Experiment wagte ich gestern auch. Im Fernsehen lief DSDS und es wurde zum hundertsten Mal ein übler Michael-Jackson-Imitator verheizt. Früher fand ich die Leute, die sich da auf den sogenannten Castings herumtrieben ja immer sehr lustig anzusehen, aber inzwischen führt RTL die armen Halbdebilen so gnadenlos vor, dass es einem schon Leid tut und fast beschämt, wenn man sich das ansieht. (Word 2000 macht mir hier schon wieder einen Kringel unter das Wort gnadenlos, was ist denn daran auszusetzen?) Als Kompromiss drehte ich an dieser Stelle den Ton herunter und legte inspiriert durch ein Werbeplakat für ihre neue CD, das ich letztens sah, Type O's Bloody Kisses auf. Die hatte ich schon seit über zehn Jahren nicht mehr gehört, wahrscheinlich aus Angst, dass sie sich im Nachhinein betrachtet irgendwie peinlich anhört, was aber überhaupt nicht der Fall

war, zumindest nicht mit dem DSDS-Video im Hintergrund.
Beste Grüße

Hallo,
nun habe ich auch mal wieder ein wenig Zeit gefunden, ein par Zeilen zu schreiben. Ich gebe zu, ich bin da immer ein wenig faul, was aber keineswegs mit Desinteresse zu erklären ist. Vielmehr dient mir E-Mail-Schreiben nicht als Entspannungs- und Fingerübung (siehe deine Mail vom 8.August).
Nun aber der Reihe nach. Den Brunch zu wiederholen erscheint mir ein absolut mehrheitsfähiger Vorschlag zu sein, auf den wir gerne nach unserem Urlaub zurückkommen werden. Wir fliegen am 19.05. und kommen am 02.06. wieder, so dass wir den Juni ins Auge fassen können. Alles weitere dazu nach dem Urlaub.
Das interessanteste am Gespräch mit F war aus meiner Sicht, dass wir vier Stunden zusammengesessen haben, ohne dass mich gelangweilt habe. Wie übrigens auch beim Brunch, nur das wir noch länger ausgehalten haben. Dies ist bei mir nicht immer der Fall. Das Treffen mit T vor Weihnachten hätte ich ohne F nach sieben Minuten abgebrochen. Das entsprach ca. drei gefühlten Stunden. Man kann halt nicht alles aus der Vergangenheit in die Jetztzeit rüberretten. So ist es halt.
Dass du dir Type O Negative wieder erschlossen hast freut mich natürlich besonders. Ich habe ja die Entwicklung über die Jahre mitverfolgt. Nach dem bis heute unerreichten Album Bloody Kisses, welches immer noch sehr gerne höre und welches ich für eins der besten Alben aller Zeiten halte, kam ja eine jahreslange künstlerische Dürre. Die folgenden Alben waren uninspiriert und vom Versuch getragen, Bloody Kisses halbwegs zu erreichen, ohne dass dies auch nur annähernd gelungen wäre. Insofern habe ich das neue Album, übrigens auf Grund eines Werbehinweises im Nuclear Blast Ka-

talog entdeckt, ohne jede Erwartung aufgenommen. Beim ersten Durchhören wurden die mangelnden Erwartungen durch die Realität bestätigt. Nach einigen Durchläufen hat sich mein Empfinden geändert. Es ist ein sehr vielschichtiges und komplexes Album. Aber überaus gelungen. Die Anzahl der einzelnen Titel auf der CD entspricht wohl eher nicht der Ankündigung auf der Rückseite. Die tatsächliche Zahl liegt ja viel höher. Ein bekanntes Verfahren bei Type O. Siehe Bloody Kisses. Aber wie gesagt sehr gelungen und auch so nicht zu erwarten.

Nun zum Urlaub. Ich hoffe ihr werdet viel Spaß, Entspannung und grundsätzliche Erholung auf Malle haben und wünsche dafür schon mal das Allerbeste. Wie ich dem Prekariatsfernsehen gestern entnehmen konnte, haben die Russen die Engländer als größten Feind des teutonischen Touristen abgelöst. Noch lauter, noch unmöglicher und noch früher am Pool um die besten Liegen zu reservieren, die aber grundsätzlich noch später genutzt werden. Darüber hinaus wurden vom Experten Jürgen (glaube ich jedenfalls) eindringlich fehlenden Tischsitten bemängelt. Ich hoffe ihr werdet damit nicht zu kämpfen haben. Wir haben jedenfalls derartige Dinge, darüber hinaus auch ein robustes Trinkverhalten, welches auch Andrew und mich beeindruckt hat, in der Türkei beobachten können. Allerdings haben wir Gelassenheit an den Tag gelegt und so den Urlaub gerettet. Sollte sich dieser Trend weiter verschärfen, sehe ich die weltweite Tourismusindustrie in Gefahr. Gegebenenfalls sollte ob der Anzahl von weltweit verfügbaren Russen, über eine räumliche Trennung zwischen den verschiedenen Nutzergruppen nachgedacht werden. Sofern eine Zuteilung der Urlaubsländer zu einzelnen Nutzernationen nicht möglich ist, sollte zumindest eine

Aufteilung nach Städten ins Auge gefasst werden. Dies würde auch die Spezialisierung der Dienstleistungsanbieter Vorort erleichtern und mir mittelfristig eine Reaktivierung meiner Russischkenntnisse, welche wohl notwendig werden würde, sofern Interesse besteht irgendwie Kontakt mit den Einheimischen aufzunehmen.
So.
Bis dann...

Hallo!
Vielen Dank für Euren Brief mit den Fotos von Gs Laufradfahrt.
Am Donnerstag wollte G nicht in den Kindergarten. Ich fragte, was los war, wer mit ihm gestänkert hätte. „Viola". Was sie gemacht hätte. „Nein gesagt". Ich erklärte, dass man auch nein sagen könne und sogar müsse, aber es half nichts. Ich musste dann los und V hatte die Schwierigkeit, ihn später in den Kindergarten zu bringen. Sie erklärte ihm, dass ich schon weg sei um Taler zu verdienen und sie auch los müsse, um auch Taler zu bekommen. Da er ja nicht alleine zuhause bleiben könne, müsse er in den Kindergarten. Da nahm er seine Bank und holte das Sparschwein, das er von Euch hat, von der Kommode, schüttelte so lange, bis ein paar kleine Münzen herausfielen, überreichte V 22 Cent und sagte: „Jetzt können wir hierbleiben."
Das Schwein ging dann kurze Zeit später den Weg aller bisherigen Sparschweine und wurde versehentlich durch Herunterfallen geschlachtet. Die übrigen Taler wurden deshalb in das große Osterei umgesiedelt.
Gestern besuchten wir das Treptower Hafenfest, das mit Eurer LAGA bei weitem nicht mithalten konnte. Natürlich erwarteten wir keine Blumen, aber das Festprogramm bestand aus einer Zwei-Mann-Band, der man noch nicht mal eine Bühne aufgebaut hatte. So schrummelten sie das übliche „It never rains in California" ebenerdig vor sich hin, umgeben von lieblos herumgestellten Bierzeltgarnituren. Ansonsten gab es einen Rummel, auf dem G im Karussell-Lastwagen stolz seine Runden drehte. Das war auch schon der Höhepunkt. Der Rest bestand aus einigen Fressbuden und Marktständen, auf denen man Socken, Pantoffeln, T-

Shirts und anderes für jeweils einen Euro erwerben konnte. So billig wie das ganze Festgelände aussah.
G ist jetzt schon gespannt auf den Urlaub. „Da sind die Pferdchen.", sagt er und denkt dabei wohl an München, hoffentlich ist er nicht enttäuscht, wenn die er merkt, dass Urlaub nicht gleich Urlaub ist.
Wir fliegen heute um 18 Uhr ab nach Palma de Mallorca, nehmen auf dem Flughafen unser Auto in Empfang und fahren zum Hotel in Cala Bona. Zurück kommen wir am 07. Mai.
Sagt mal Marina Bescheid, dass ich am 09. mit G zu ihrem Geburtstag komme, V schafft es nicht zum Brunch.
Bis dann

Hallo!
Dass das Schreiben von E-Mails nicht auf jedermann entspannend wirkt, kann ich gut nachvollziehen, besonders wenn es wie bei Dir zu den beruflichen Pflichten gehört, was bei mir glücklicherweise nicht der Fall ist. Dass das Schreiben an sich, wenn es zur Pflicht wird, den therapeutischen Charakter verliert, merke ich wieder, seit ich mit der Dissertation angefangen habe. Ich wusste das schon einmal, als ich die Aufgabe hatte, eine Magisterarbeit zu verfassen, hatte es aber erfolgreich verdrängt bzw. im Gedächtnis beschönigt und mich deshalb auf dieses Abenteuer eingelassen.
Dass die Russen jetzt unsere Urlaubsidylle aufmischen war ja zu erwarten. Wie bereits berichtet, funktioniert ja auf den Kanaren die Trennung von Deutschen und Engländern durch die Separierung in verschiedenen Städten sehr gut. Dass da jetzt auf einmal eine ganze Nation freigelassen wurde und inzwischen auch zum Teil das Geld hat, auf unsere Lieblingsinseln vorzudringen, bringt natürlich das ganze System durcheinander. Am praktischsten wäre es wohl wirklich, einfach eine neue Hotelsiedlung aus dem Boden zu stampfen, die die russischen Reisebüros dann vermitteln kann. Mit dem kanarisch-britischen Puerto Rico scheint es auch so passiert zu sein, von einem natürlich gewachsenen Ortskern ist jedenfalls nicht mehr viel zu erkennen. Wenn ich es mir recht überlege, dürfte das auch die einzige Lösung sein, denn es werden sicher nicht weniger russische Touristen und weder eine Ansiedlung in den deutschen noch in den englischen Kolonien dürfte längerfristig unblutig bleiben. Werden. Es sei denn der alte KGBler Putin macht jetzt wirklich ernst und die Schotten wieder dicht.

Mit Tom habe ich mich das letzte mal getroffen, als der neue Spielplatz an der Schleuse gerade eröffnet war. Da hat er nachmittags angerufen und gefragt, ob wir gerade Kaffee trinken. Ich meinte, wir seien schon beim Bier angekommen, worauf er ermahnte, ich solle es damit nicht übertreiben, weil wir ja schließlich noch tiefgreifende Gespräche führen wollten. Da ich entgegen seiner illegitimen Vorannahme an diesem Nachmittag gerade ausdrücklich keine Lust auf tiefgreifende Gespräche hatte, drehte ich mir schnell noch zwei Bier rein, um dieses Treffen zu überstehen. Ich erinnere mich nicht mehr an Gesprächsinhalte, jedenfalls verlief das Ganze sehr verkrampft, zumal auch meine Eltern und Toms Mutter zugegen waren, wobei meine Eltern eigentlich ganz gesellig sind, mehr als ich es von mir behaupten kann. Vielleicht lag es ja auch an mir, obwohl ich nach den insgesamt wohl vier Jever eigentlich nicht mehr so angespannt gewesen sein kann. Mit F ist das wirklich anders. Er ist immer noch die gleiche Frohnatur, wie wir sie kennen. Man merkt gleich, dass sein erfrischender Optimismus in seiner Natur liegt und nicht bei den Positiv-Thinking-Seminaren bei SAP antrainiert worden ist. Ich bin da mit meinem einsilbigen Neu-Berliner Alltagszynismus wahrscheinlich nicht immer so gesellschaftsfähig.
Wir fliegen heute nach Malle und kommen am 7. Mai wieder. Ist das bei Euch diesmal der Madeira-Urlaub, von dem Ihr erzählt hattet? Wenn ja, wüsche ich euch boas ferias, wenn nicht einen schönen erholsamen Urlaub.
Beste Grüße

Hallo!
Gestern sind wir von Malle zurückgekehrt. Ich will mal die vielen Kleinigkeiten, die dem Urlauber so das Leben schwer machen unerwähnt lassen und stattdessen versuchen, diese Zeilen vom Tai Chi des Meister F durchfließen zu lassen. Nur soviel: Als wir noch nicht auf Hotelbewertungen im Internet achteten, hatten wir irgendwie mehr Glück mit der Hotelauswahl. Ich vermute, die Hotelmanagements dieser Welt beteiligen sich sehr rege an der Bewertung ihrer eigenen Häuser.
Es war während unseres Aufenthalts mit knapp zwanzig Grad angenehm frisch und regelmäßig durchziehende Wolkenfelder bewahrten uns vor dem Sonnenbrand. Der Regen, der das Land in der Woche zuvor intensiv heimgesucht hatte, hinterließ uns eine grüne Landschaft und zog sich angesichts unserer Urlaubspläne diskret zurück.
Wir bekamen diesmal leider kein einheimisches Auto, aber an dem Ford Focus funktionierte dafür alles. Wir besuchten Palma, zogen durch die mittelalterlich engen Gassen zur Kathedrale, aßen Eis bei deutschen Auswanderern, die in einer der entsprechenden Sendungen vorgestellt wurden, die derzeit über alle Kanäle flattern. Das Eis war tatsächlich sehr lecker, auch wenn wir natürlich bedauerten, solche dynamischen Jungunternehmer verloren zu haben.
Nach längerem Suchen fanden wir tatsächlich einen Strand, der nahezu unbebaut ist und sehr idyllisch in einer langgezogenen Bucht liegt (Sa Nau). Er ist durch eine von den typischen gestapelten Steinmauern gesäumte Straße erreichbar, an der keine zwei Autos aneinander vorbeipassen und man, falls Gegenverkehr auftaucht, sich in eine der alle paar hundert Meter vorhandenen Ausbuchtungen begeben muss.

Auch das idyllisch gelegene Calla Figuera besuchten wir wieder, so wie die Tropfsteinhöhlen von Porto Christo, auf deren unterirdischem See ein kleines Konzert aufgeführt wurde, wobei das Trio auf Bratsche, Geige und Orgel auf einem beleuchteten Ruderboot durch die ansonsten spärlich beleuchtete Kulisse gleitet, sehr schön anzusehen und auch anzuhören, auch wenn in dem Medley klassischer Melodien auch einige auftauchen, die Richard Clayderschrank seinerzeit bereits am Piano totgespielt hat. Sehr lustig sind auch die Wachmänner, die an jeder Ecke postiert sind und ständig „Keine Fotos! Keine Video!" schreien und dabei von den Hobbyfilmern, die das offensichtlich als sportliche Herausforderung annehmen, konsequent ignoriert werden.

Dann wünschen wir Euch ebenfalls einen schönen Urlaub!

Bis bald

Hallo!
Heute am Feiertag mal wieder ein paar Zeilen von den Ds. Während die Berliner Männer sich nach Ihrem Frühschoppen bereits auf das Verschlafen ihres restlichen "Herrentages" vorbereiten, haben wir den Vormittag ruhig verbracht, machen jetzt einen kleinen Spaziergang am Wasser und gehen danach zum Inder.
Am Wochenende haben wir G das Schiffshebewerk in Niederfinow gezeigt. Er war als Baby schon mal da, dieses Mal hat er schon mehr von der Technik mitbekommen und war so begeistert, dass wir ihn kaum zurück zum Auto locken konnten. An seinen Fragen merkte man allerdings, dass ihm der Sinn des Ganzen noch nicht ganz plausibel war, aber das wäre auch etwas verfrüht. Es war auch tatsächlich beeindruckend, wie diese Anlage einen vollbeladenen Kohlekahn hochhebt, mitsamt dem Ausflugsschiff, das ständig nur durch das Hebewerk und wieder zurück fährt, so wie eine Fliege den Hundehaufen umkreist.
Wir sind schon gespannt auf die nächsten Bilder von Hansinho und ob er sich mit seinem Brüderchen verträgt.
Beste Grüße

Hallo,
der Geburtstag von Eloise ist nun auch schon ein paar Wochen her. 7 Kinder waren eingeladen, drei kamen, wobei eines nach einer halben Stunde verschwand, weil sich die Eltern wohl recht unwohl fühlten. Die anderen beiden waren ihre Cousine und Xenia, ihre beste Freundin. War aber trotzdem nett, da das fest eher zu einem Treffen von Erwachsenden wurde, wobei sich die Kleinen auch gut amüsierten.
Die Arbeit, ja, was soll ich sagen. Den Arbeitsvertrag habe ich bekommen, aber bei 2 Wochen Kündigungsfrist innerhalb der halbjährigen Probezeit sitze ich wie auf heißen Kohlen. Heute kam die Teamleiterin zu mir und meinte, ich solle mal einen gewissen Datensatz aufrufen. Schwupps, was haben wir denn da gemacht, Herr S-W. Da haben Sie gegen die Kompetenz eine Ratenvereinbarung abgeschlossen, die nicht einmal die monatlichen Zinsen des Schuldners deckt. Wenn das noch mal vorkommt ...
So was wird 100prozentig wieder vorkommen und deshalb freue ich mich zwar über den Job, da er einigermaßen Spaß bereitet, aber wie lange wird das gut gehen. Ansonsten bin ich wohl sehr schnell und recht gut, aber die Flüchtigkeitsfehler oder soll ich sagen: die fehlende Konzentration führt immer wieder zu Fehlern, denke ich.
Aber mal schauen - vielleicht wird es ja doch ein längeres Gastspiel. Daran hätte ich alleine schon wg. dem amt Interesse. Die sitzen mir jetzt echt im Nacken und nerven ohne ende. ich habe ja fatalerweise meine Honorartätigkeit angegeben und anstatt sich herzlich zu bedanken, werfen sie mir nun vor, dass ich das zu spät angegeben hätte. Wenn ich jetzt wieder von den denen abhängig wäre - meine Güte, das wäre eine Katastrophe.

Wie geht's sonst. hast du am Sonntag abend schon was vor? Regina feiert in einem angemieteten Jugendclub in Kreuzberg ihren 40sten Geburtstag. kannst du dich mal loseisen vom Fam.leben? Wenn ja, können wir uns vorher treffen und gemeinsam dort hingehen. Pfingsten fahre ich wohl mit der Kleinen einen Tag aufs Land (Samstag). Sonntag und Montag ist sie wohl bei den Großeltern im Garten. Die haben ja so ne Art Datscha in der Nähe vom Liebnitzsee. dort würde es G sicherlich auch gut gefallen. Wenn ihr Lust habt, können wir im Sommer mal einen Ausflug an den Liebnitzsee machen (Räder vorhanden?). oder auch zum Wannsee - da kann man mit der Bahn hinfahren.
Also, lass von dir hören wg. Sonntag.
Gruß auch an die Familie.
Hoffentlich bis bald mal wieder (übernächstes Wochenende schon was vor?)

Hallo!
Als erstes mal meine besten Glückwünsche zum Aufstieg. War Karlsruhe in der zweiten Liga, seit wir seinerzeit zusammen in der Kneipe den Abstieg mit ansehen mussten?
Schön, dass es Dir soweit gut geht. Das mit dem Job wird schon noch. Ein halbes Jahr Probezeit mit zwei Wochen Kündigungsfrist ist inzwischen Standard, meistens sind die Verträge zusätzlich noch auf ein Jahr befristet, also wenn Du die Probezeit überstanden hast, hast Du noch ein halbes Jahr einen halbwegs sicheren Job. So ist es zumindest im sozialpädagogischen Bereich. Wenn das bei Dir nicht so ist, also nach der Probezeit unbefristet, dann hast Du schon einen guten Vertrag. Bei den Sozialpädagogen vergeben sie meistens zweimal einen Jahresvertrag, danach dürfen Sie kein befristetes Arbeitsverhältnis mehr abschließen und müssen entweder fest einstellen, oder entsorgen den Mitarbeiter zugunsten eines neuen, den sie wieder zwei Jahre lang befristet beschäftigen können.
Über Pfingsten sind wir in Rathenow, mit Reginas Vierzigstem wird es deshalb leider nichts. Am Liebnitzsee waren wir auch schon öfter mal. Es ist sehr schön dort, da können wir uns gerne mal verabreden. Räder sind vorhanden, am Wochenende haben wir erst eine Tour zum Treptower Park gemacht. Viel längere Strecken hält G auf seinem Kindersitz allerdings nicht durch. Zum Liebnitzsee kann man ja mit der Regionalbahn bis Wandlitz fahren, oder zum Wannsee oder Müggelsee mit der S-Bahn.
Dann bis bald

liebe freunde,
jetzt muss ich mich doch mal wieder melden. die 3 wochen in d-land sind doch zu schnell vorbeigegangen. fast jeden tag habe ich uns frischen spargel gekocht und auch 3 pfd mit hierher gebracht. C und unserem hansinho geht es ganz gut, er wacht jetzt 2 mal in der nacht auf und schreit nach einem milchmixgetraenk frisch von der mutterbrust. in den 4 wochen hat er schon 1 kg zugelegt und trinkt 8 mal am tag 120 mL, wo die brasilianischen kinder nur 50 ccm trinken wollen, dieser enorme appetit muss irgendwie mit diesem genetischen misch zusammenhaengen.
ich werde mal dieses wochenende ein paar bilder machen und die dann herumschicken. ansonsten hat die regenzeit angefangen, und es ist oft ein wenig grau, so dass man fast heimatliche gefuehle bekommt. ansonsten scheinen sich ja in d-land wirtschaftliche hochgefuehle zu entwickeln. mein aeltester sohn carsten ist auch wieder mal auf jobsuche (er ist software entwickler) weil nicht ganz zufrieden mit dem jetzigen projekt im job, und hat auf anhieb 3 angebote. jetzt hat er die qual der wahl und weiss nicht so recht, ob er wirklich vorzeitig kuendigen soll, weil er dann die schoene wohnung aufgeben und einen grossteil der von der alten firma spendierten umzugskosten wieder zurueckzahlen soll.
na das war's von hier
macht's gut und bis denne

Hallo!
Wir genießen auch die Spargelsaison. V bereitet ihn nach Deinem Rezept zu, das sie sich in Dänemark gemerkt hat. Auch den Grill haben wir schon ein paar mal angeworfen. Allerdings nur den elektrischen auf dem Balkon. Ja, so langsam wird es Sommer, der April war absolut trocken, dafür der Mai anfangs ziemlich verregnet. Heute sollen es hier 30 Grad werden.
Schön, dass Hansinho so einen gesunden Appetit an den Tag legt. Zwei mal Aufwachen pro Nacht ist ja schon nicht schlecht. V mußte die erste Zeit alle zwei Stunden ran. Nach anfänglichem Schwächeln hat G dann auch schnell einen guten Appetit entwickelt und ordentlich zugelegt. Aber als er anfing zu laufen, hat er sich den Speck schnell abtrainiert.
Ja, alles spricht hier von der brummenden Wirtschaft. Leider wird der Aufschwung in unseren Jobs wohl nie ankommen, denn wir sind ja letztlich von der Staatskasse abhängig und die wird sich auch nicht füllen, wenn der Boom ungewöhnlich lange anhält. Es sei denn die Fachkräfte werden irgendwann tatsächlich knapp und sie können nicht anders, als wieder etwas mehr zu bezahlen, damit überhaupt noch jemand diese Jobs übernimmt.
Beste Grüße

Hallo!
Am Wochenende fuhren wir nach Wesendahl zum Erbeerpflücken. Für zwei Euro das Kilo kann man sich dort selbst die schönsten Beeren aussuchen und auch wenn man sich mal eine in den Mund steckt, wird man nicht zur Ordnung gerufen. Auch muß man sich nicht vorher und nachher wiegen lassen und dann die Differenz bezahlen, sondern nur das Gewicht der Früchte im Korb. G und auch V hat es so viel Spaß gemacht, dass wir gut 5 Kilo nachhause brachten und uns jetzt die ganze Woche lang von Erdbeeren ernähren werden. V macht daraus leckere Shakes und auch Eis.
Nach dem Ernteeinsatz war eigentlich gemütliches Kaffeetrinken auf dem von preußischen Barockhäusern eingerahmten Marktplatz von Altlandsberg angedacht. Das mußte aber entfallen, da G beim Schläfchen im Auto seine Hose naßgemacht hatte. Das passiert nur noch selten, weshalb wir auch nicht mehr daran gedacht hatten, eine Wechselhose mitzunehmen. Er rechtfertigte sich damit, dass T „gestern" auch eine nasse Hose hatte, als wir mit dem Auto unterwegs waren. Auch dafür war G ja persönlich verantwortlich.
Er macht sich jetzt Gedanken über das Wachsen. Laufend fragt er, wer und was alles noch wächst und wann er endlich so groß ist wie Papa. Wir erklären das dann immer, aber so eine richtige Vorstellung von der Zeit hat er natürlich noch nicht. Heute hat er gesagt: „Wenn ich vier Jahre bin, dann habe ich Geburtstag, dann bin ich genauso groß wie Papa."
Heute mußten sie ein Foto von einem Vogel in den Kindergarten mitnehmen, wir haben das Foto von einem Tucan, das wir im Pantanal gemacht haben mitgenommen. Als nächste kam schon Emils Mutter mit einem Ausschnitt aus der National Geo-

graphic, in der ein Ara zu sehen war. Wahrscheinlich bringen alle so exotische Sachen an und die Kinder kennen sich dann bestens in der tropischen Vogelwelt aus, wissen aber nicht, wie eine Meise aussieht.
Beste Grüße

Hallo!
Hier sind seit ein paar Tagen brasilianische Temperaturen an der Tagesordnung. Deshalb haben wir das ganze Wochenende an einem schattigen Plätzchen am Müggelsee verbracht. G hat viel gebadet, sich dann allerdings an einem Stein oder Muschel die Haut am Fuß aufgeritzt und sich dann nicht mehr ins Wasser getraut. Am zweiten Tag haben wir deshalb ein paar alte Sandalen mitgenommen, mit denen er ins Wasser gehen konnte. Der See ist voller Fladen von Fadenalgen, die G eklig fand und die ich deshalb herausholen und an Land werfen mußte.
Ansonsten war es aber sehr entspannt. Über den See weht ständig eine leichte Briese und im schattigen feuchten Wald, der den Müggelsee dort umgibt, war es V trotz der 31 Grad, die das Thermometer in der Innenstadt zeigte, zeitweise schon zu kühl. G ist auf einem Rummel am Rübezahl-Biergarten das erste Mal auf ein Pony gestiegen und war anschließend stolz wie ein Spanier. Auch Karussell konnte er fahren, darauf saß er allerdings als einziger, es war ziemlich tote Hose und ich glaube nicht, dass sich der Aufbau der Vergnügungsgeräte gelohnt hat.
Am Samstag waren wir wieder Erdbeeren pflücken und auf dem Feld vor der Stadt war es um 10 Uhr vormittags schon unerträglich heiß. Die Fläche war ziemlich schlecht gepflegt und die Erbeerpflanzen von Disteln überwuchert, so dass es diesmal nicht so viel Spaß machte wie am letzten Wochenende.
Abends kam C vorbei. Er hat viertausend Euro im Lotto gewonnen. Er spielt im Internet und wollte hier seinen Ausweis einscannen, weil er den dort rübermailen muß, um den Gewinn ausgezahlt zu bekommen. Anschließend kann er sich ja selbst einen Scanner besorgen, er hat jetzt auch einen Job

als Pflegehelfer, allerdings erst mal nur bei einer Zeitarbeitsfirma.
J hat sich noch einmal per Mail gemeldet und nach Dir und S gefragt. Ich habe ihm von Hansinho berichtet, von S weiß ich nichts aktuelles. Habt Ihr sie mal wieder gesehen?
Beste Grüße

hallo liebe freunde,
freut mich fuer euch, dass es so schoen warm ist in berlin. hier herrscht derzeit ziemlich das gegentum, grau und den ganzen tag regnet es. heute ist hier tag des / der namorada / o und fuer mich gab es eine richtig grosse ueberraschung: C hat uns ein richtiges billiard gekauft. der tisch steht in dem raum im keller, und ist ein richtig maechtiges geraet. sie hat es so spannened gemacht und ich dachte sie wollte in dem raum ein arbeitszimmer einrichten. also, beim naechsten besuch ist billiard (sinuca) angesagt. dazu gibts dann ein churrasco. gleichzeitig bauen wir hinter der servicearea eine ueberdachte und ins haus integrierte churrasceria ein, sind ca. 20 qm mehr platz, wo man auch eine haengematte und eine tischecke platzieren kann. also, wieder was verbessert.
ja, was gibts sonst hier. S wollte mal auf besuch kommen, sie ruft ab und zu mal an. die aelteste tochter hat einen sohn auch im april bekommen, leider gibts dazu keinen passenden vater, und S kann auch nicht viel beitragen, weil sie immer noch schulden fuer eine neue wohnungseinrichtung abzahlt. also, brasilianischer alltag. unser mathias kaempft derzeit mit den natuerlichen zahlen von 1 bis 5, oder umgekehrt. jedenfalls ist die reihenfolge immer noch willkuerlich. ist das bei euch auch so ein problem.
Ansonsten ist alles hier wie immer. sao joao hat angefangen, aber bei dem dauerregen hab ich keine rechte lust zum parco do pove zu gehen
von J habe ich auch nach dem ersten briefwechsel nichts mehr gehoert. er sollte doch mal antworten
das wars fuer heute
bleibt munter

Hallo!
Ich freue mich schon auf unser Snooker-Matsch und Churrasco. Allerdings wissen wir noch nicht, wann wir wieder nach Brasilien kommen. Dieses Jahr wird es wohl nichts werden. Für V war das letzte Mal so anstrengend, weil sie von der ganzen Verwandtschaft hin- und hergereicht wurde und trotzdem irgendwie keiner zufrieden war. Da fehlte der Erholungseffekt, den sie in ihrem Job eigentlich braucht. Den werden wir dieses Jahr im Sommer in den Bergen und Tschechien erzielen und Ende des Jahres vielleicht noch mal auf den Kanaren.
J hatte so getan, als hättest Du Dich nicht gemeldet, aber das ist wohl seine Ausrede, wenn er keine Lust zum Schreiben hat, nach dem Motto „Lange nichts von euch gehört", obwohl er seit zwei Jahren dran war. Aber so sind die Latinos wohl, wenn man sie anruft, um sie zu treffen, sind sie jederzeit dabei, aber über die Entfernung Kontakt zu halten ist nicht so ihre Sache. Schade, dass bei S kein Licht am Ende des Tunnels zu sehen ist. Wenn ihre Töchter nun ihre Geschichte nachspielen, wird es auch nicht gerade besser werden...
G zählt bis zur 13, danach kommt bei ihm die 17 und ab der 20 wird es chaotisch. Das ist aber rein mechanisches Aufsagen, wenn man beispielsweise fragt, was nach der 6 kommt, weiß er nicht was er machen soll. Ein paar Buchstaben kennt er auch schon, besonders das Ypsilon hat er ins Herz geschlossen und er entdeckt es auf dem Weg zum Kindergarten andauernd in den zahlreichen zerbrochenen Gehwegplatten, die gerne nach dem Y-Muster splittern, wofür Du als Physiker sicher eine Erklärung bereit hättest. Aber auch bei den Buchstaben ist es reine Gedächtnisleistung, die Funktion ist ihm noch nicht klar, das wäre auch zuviel verlangt. Schließlich soll er in zwei Jahren in der

Schule auch noch was zu lernen haben. Da heißt es cool bleiben, wenn sie sich für irgendwas interessieren, erklärt man es natürlich, es hat aber keinen Sinn da jetzt schon was zu forcieren.
Dann wünsche ich Euch auch mal wieder ein paar sonnige Tage, damit ihr das weltgrößte São João besuchen könnt.
Beste Grüße

Hi,
nach dem Urlaub und einigen Tagen Arbeit möchte hiermit die Gelegenheit nutzen und mich mal wieder melden. Also Hallo.
Wie bereits berichtet waren wir nach vielen Jahren mal wieder auf Kreta. Diesmal allerdings im Südwesten. Eine touristisch noch nicht völlig versaute Gegend, ohne größere Hotels und mit ganz wenig Pauschaltourismus. In einigen Orten Ansammlungen von Pensionen und dergleichen. Aber kein Vergleich mit der Nordküste.
Angekommen sind wir am Samstag Abend gegen 22.00 Uhr am Flughafen Chania. Dort bekamen wir unseren Mietwagen und durften uns im Dunklen und bei nassen Fahrbahnen in dieser sehr unbekannten Gegend den Weg suchen. Auf Grund einer brauchbaren Beschreibung waren wir nach ca. zwei Stunden am Ende der Welt. Ein überaus herzlicher Empfang im Hotel, verbunden mit der Aufforderung, doch bitte etwas zu Essen war der Lohn. Erschöpft fielen wir nach Essen und zwei Kannen Wein ins Bett. Am nächsten Tag hatten wir bei Tageslicht die Gelegenheit, uns alles mal anzusehen. Das Hotel war sehr übersichtlich, 45 Zimmer. Es lag an einer langgezogenen Bucht (zwei Kilometer) mit etwa 20 Häusern. Die Straße endete am Hotel. Man konnte wunderbar auf das Meer sehen, sowohl beim Frühstück, als auch beim Abendbrot. Vom Balkon unseres Zimmer auch. Die Ruhe war fast erschreckend. Nur Meeresrauschen und Ziegenglocken. Wir hatten glücklicherweise Halbpension gebucht und konnten so am Abend kostenfrei im Hotel essen. 50 Meter war auch eine brauchbare Taverne, was schon daran zu sehen war, dass sie überwiegend von Griechen bevölkert wurde. Dort waren wir auch mal.

Jedenfalls wurde das Hotel von einer Familie betrieben, von der Teile mal in Deutschland gelebt haben. Das hat dazu geführt, dass das ganze Hotel eher ungriechisch war. Der Service war so schnell, dass sich McDonalds mal ein Beispiel nehmen kann. Außerdem waren sie ständig am Putzen. Unglaublich und das beste was ich in Griechenland bisher gesehen habe. Aber das Essen war der Hammer. Oma hat liebevoll diverse Speisen zubereitet. Wenn du Essen wolltest, hast du dich in die Küche begeben und dir aus den verschiedenen Gerichten das Beste ausgesucht. Dies wurde dann auf Teller gepackt und gebracht. So gut wie da habe ich in Griechenland noch nicht gegessen. Dazu gab es einen überaus leckeren Hauswein für zwei Euro der halbe Liter. Klasse.

Wir sind ein wenig rumgefahren und haben uns verschiedene Orte angesehen und waren auch wandern. Jedenfalls alles sehr entspannt und sehr erholsam. Ich schätze mal, wir fahren dort nochmal hin.

Zum googeln: Rodakino, Hotel Polyrizos

Bis dann...

Hallo!
Irgendwie hatte ich mir in den Kopf gesetzt, Ihr würdet diesmal nach Madeira fliegen, keine Ahnung welche Fehlschaltung in meinen angegriffenen Nervenbahnen dafür verantwortlich war. Es freut mich jedenfalls, dass Ihr es auf Kreta so gut angetroffen habt. Hört sich so an, als müßten wir das auch mal als Reiseziel in Erwägung ziehen.
Die große Wiedergründung der genialen Sandow scheint jetzt tatsächlich vollzogen. Es gibt schon erste Konzerttermine und ich gehe am 26. August mit C zur Record-Release-Party im Nikolaisaal in Potsdam; d.h. wenn er es jetzt geschafft hat, die Karten zu bestellen. Er hat jetzt einen Job als Pflegehelfer bei einer Zeitarbeitsfirma. Die haben ihm einen 30-Stunden-Vertrag gegeben und er hat im ersten Monat 60 Überstunden gemacht, die er dann irgendwann mal abbummeln soll. Dementsprechend selten haben wir ihn in letzter Zeit auch gesehen. Er hat es noch nicht mal geschafft, sich seine 4000 Euro Lottogewinn überweisen zu lassen, den er auch vor über einem Monat mitgeteilt bekommen hat. Er hatte im Internet gespielt und mußte jetzt seinen Ausweis einscannen und per Mail zum Anbieter schicken, eine Methode, die mir unheimlich sicher erscheint.
Morgen sind wir in Rathenow, um den 67. von meinem Papa nachträglich feierlich zu begehen. Ich werde aber trocken bleiben, denn wir fahren mit dem Auto und da habe ich wie Du weißt so meine Prinzipien, was den Alkoholkonsum betrifft. Letztes Mal sind wir mit dem Zug gefahren, der hatte zwei Stunden Verspätung. Wenn sie das mal gleich durchgesagt hätten, wären wir über Brandenburg gefahren, aber das kann man natürlich nicht erwarten. Erst stand zwanzig Minuten dran, dann vierzig und so weiter. Eine weinerliche Stimme aus

dem Lautsprecher versicherte uns nach einer Dreiviertelstunde, dass es ihr unendlich leid tue, dass wir da warten müßten und bedankte sich für das Verständnis, was mir ehrlich gesagt bereits abhanden gekommen war. Diesmal machten sie sich gar nicht die Mühe, eine Gleisabsenkung oder ähnliches zu erfinden. Glaubt ja ohnehin keiner. Die Ansagen auf dem Bahnhof kommen offensichtlich aus irgendeiner Zentrale, denn einmal hatte die gute Frau wohl den falschen Knopf gedrückt und ihre weinerliche Stimme kündigte auf dem nicht vorhandenen Gleis 5 einen Zug nach Frankfurt Oder an. Vielleicht war das aber auch eine bewußte Ablenkungsmaßnahme, um die Wut des wartenden Mobs etwas abzumildern.
Beste Grüße

Hallo!
Der 12.8. ist notiert. Vielleicht reserviere ich diesmal lieber einen Tisch, zwar ist im Sommer meistens ein Platz zu finden, weil viele Tische auf den Gehwegen stehen, aber wenn dann zufällig Regen einsetzt, wird die Situation natürlich besonders prekär. Hoffentlich denke ich auch dran. Das Gedächtnis... immerhin hat mich Deine Mitteilung zu Madeira etwas beruhigt, offensichtlich ist die Debilität bei mir noch im Anfangsstadium begriffen. Wenn man auf die 40 zugeht... Hat Andrew auch schon die Midlife-Krise erreicht, oder weigert er sich, diese Reise anzutreten, weil er prinzipiell etwas gegen Madeira einzuwenden hat? Wir haben das Wochenende am Werbellinsee verbracht, wo wir die einzigen Zelter auf der dafür vorgesehenen Wiese waren. Sonnabend hat es auch ziemlich viel geregnet, nur zum Abend wurde es schön. Ausgiebig zu beobachten war aber die noch wenig erforschte Spezies des Dauercampers. Ob die Wissenschaft irgendwann das Rätsel aufklären wird, warum Menschen sich ein Haus mit Rädern zulegen, um es dann das ganze Jahr an der selben Stelle stehen zu lassen? Beim heutigen Fortschritt der Forschung sollte das möglich sein, aber wir werden es wohl nicht mehr erleben. Einige dieser possierlichen Wesen bauen ihren Wägen Dächer aus Planen oder sogar aus Holz. Viele umzäunen den Stellplatz ihres immobilen Gefährts; an einer Pforte zu einem 15-Quadratmeter-Gründstück sah man ein Schild befestigt, auf dem die Aufschrift „Privatbesitz! Betreten verboten!" prangte und potentielle Eindringlinge abschreckte. Viele hätten auch nicht hineingepasst. Das Schild nahm bereits die Hälfte der Zauntürfläche ein, der Wohnwagen die Hälfte der umzäunten Fläche. Der Camper scheint nicht sehr gesellig zu sein. Er zeigt sich aber gerne, wenn er am Abend

den Grill anwirft und demonstrativ seinen Tisch und Stuhl an den Weg stellt, um den anderen zu zeigen, dass er sich viel Schweinefleisch und Bier leisten kann. Angesichts dieser erlebnisreichen Umgebung sind wir erst heute früh zurückgefahren und ich mache mal den Montag blau, denn G konnte nun nicht mehr in den Kindergarten.
Beste Grüße, freuen uns auf den 12.8.

Hallo Ihr drei!
Am Wochenende haben wir wieder die Pilze am Müggelsee abgeerntet, die bei dem warmen Wetter und dem noch feuchten Boden wunderbar wachsen. G hat das System schon gut verstanden: „Na mal runtergucken, Schwamm kann er rein in'n Korb, hat er Streifen, dann wegschmeißen." Er hat dann aber bald die Lust verloren und auf einem Baumstumpf gewartet, dass die Eltern die Körbe füllen. In weniger als einer Stunde hatten wir zwei Obstkörbe voll mit Maronen, Steinpilzen und Ziegenlippen, obwohl wir nur die kleinen genommen haben, weil die großen meist madig sind. Die muss man auch weniger putzen.
Heute hatte G seine ärztliche Routineuntersuchung „U8". Ich habe ihm das schon ein paar Tage vorher erzählt und er hatte Bedenken, dass der Doktor ihn pieken wolle. Ich habe in seinem Impfkalender nachgesehen und ihm gesagt, dass keine Impfung anstehe. Er versicherte sich aber noch ein paar Mal: „Der pieks machen will, sagst Du Nein, ja?". Das muss ihn wirklich sehr beschäftigt haben, denn er kramte sogar das Kuscheltier heraus, dass er bei der letzten Impfung vom Arzt bekommen hatte und das intern „Impfteufel" genannt wird, weil es so ähnlich aussieht.
Beim Arzt funktionierte dann alles. Die Pipiprobe wurde in einen Becher abgegeben und war o.k. Eine Größe von einem Meter zehn wurde festgestellt bei einem Gewicht von 21 Kilo. Die Ohren sind in Ordnung, nur auf der Sehtesttafel hat er ein paar Sachen nicht erkannt und muss das beim Augenarzt nach dem Urlaub noch mal nachprüfen lassen. Er sollte zuhause ein Bild von einem Menschen malen und mitbringen und hatte ein Gesicht zu Papier gebracht, das aussah wie ein Schlumpf. Dass wir ihm gesagt hatten, er solle den Doktor

malen, verschwiegen wir deshalb in dessen Gegenwart. Der meinte beim Betrachten „Aha, ein abstrakter Künstler." Als wir ihm auf die Nachfrage, ob G oft male sagten, dass das nicht der Fall sei, meinte er etwas sarkastisch, das habe er sich schon fast gedacht.
Dann wollte der Arzt doch noch eine Impfung gegen Windpocken machen, weil er meinte, er hätte auch trotz der ersten Impfung noch schwere Fälle dieser Krankheit gehabt und wolle sie deshalb komplettieren. G meinte erst: „Nein, möchte ich gar nicht", ließ sich dann aber doch überreden und ablenken und merkte gar nicht, dass alles schon vorbei war, als er noch fragte: „Wo ist der Pieks?" Diesmal hat er sich dann einen Jojo als Belohnung für die Tapferkeit ausgesucht, obwohl er ihn noch nicht bedienen kann. Damit wird er uns dann wohl beschäftigen.
Die Koffer für die reise sind schon gepackt, unter der Woche kommt V gar nicht dazu. Wir würden G am 11. August für eine Woche vorbeibringen, wenn es Euch passt.
Beste Grüße

Hallo!
Wir sind gerade aus Oberwiesenthal wiedergekommen, wo wir zweieinhalb Wochen Urlaub gemacht haben. Eigentlich hatten wir geplant, uns auf dem Fichtelberg vom klimaerwärmten Großstadtsommer abzukühlen, aber leider war es nicht so doll mit der Erwärmung, weder oben noch unten. Außerdem hatte ich den Ort etwas belebter in Erinnerung gehabt. Ich war das letzte Mal als Kind da, da bleibt einem ja alles größer in Erinnerung. In Jetztzeit betrachtet ist es ein ziemliches Kaff. Aber es ist schön gelegen und eigentlich wollte ich auch Ruhe finden von dem Berliner Großstadtdschungel. Allerdings musste ich feststellen, dass es gar nicht so leicht ist, mit sich in dieser Ruhe etwas anzufangen. Symptomatisch war da eine Frau, die sich durch Unkraut schlug, um sich auf eine gemähte Wiese an einem wunderschönen Berghang mit herrlichem Blick ins Tal zu setzen und dann - statt das zu genießen - ihr Handy herausholte, um darauf herumzudrücken. Nun bin ich wohl der einzige auf dieser Welt, der noch kein Handy besitzt, aber auch so fiel es mir nicht leicht, abzuschalten und die Stille zu genießen.
Zusätzlich erschwerte mir das der Reiseveranstalter Expedia und das, ohne Veranstalter dieser Reise zu sein. Vielmehr hatte ich dort ein paar Wochen zuvor unseren traditionellen Weihnachtsurlaub auf den Kanaren gebucht. Nun hatten sie den Betrag von meiner Kreditkarte abgebucht und ich habe ein Internetkonto bei dem man nur mit der Kreditkarte überall Geld holen kann, dafür ohne Kosten. Darauf hatte ich mich verlassen. Leider hatte ich nicht damit gerechnet, dass Expedia bei der Buchung erst mal den Betrag auf der Kreditkarte blockiert und noch weniger hatte ich damit gerechnet, dass sie es nicht für nötig halten, diese Blockierung

gleich nach der Abbuchung aufzuheben. So war der Betrag praktisch doppelt belastet und meine Kreditkarte dicht. Ich stellte jedenfalls erst mal fest, dass ich kein Geld mit meiner Karte bekam. Natürlich hatten wir auch eine Notreserve dabei, aber man will im Urlaub ja nicht den Cent umdrehen müssen. So verbrachte ich etliche Zeit in weit entfernten Internetcafés und Warteschleifen von Servicehotlines, die ich von Telefonzellen aus anrufen musste, die die Euros schluckten wie die Einarmigen Banditen in Las Vegas die Vierteldollars. Von Vs Handy aus wäre das noch schlimmer geworden, denn das wählte sich immer automatisch in ein tschechisches Netz ein. Es dauerte einige Zeit, erst mal herauszufinden, was da eigentlich los war und dann noch länger, das dann wieder richtigzustellen. Dabei ging schon einige Urlaubsfreude verloren.
Auch hatte G eine Entzündung am Fuß, musste zum Arzt, konnte nicht richtig laufen und wurde nachts ständig wach. Die wahre Urlaubsfreude war es also nicht. Aber wir verbrachten auch ein paar schöne Tage in Karlsbad, einer der schönsten Städte, die ich kenne, in Pilsen und anderen tschechischen Städtchen. Vielleicht versuchen wir es nächsten Sommer gleich ganz da, oder etwas südlicher, am Balaton oder in Kroatien. Da ist dann die Klimaerwärmung auch gesichert.
Was macht die Familie?
Beste Grüße

Moin,
habe es gestern leider nicht geschafft, mich zu melden. A aus Braunschweig hat hier übernachtet und wollte dann gestern noch was essen gehen und zum Zug gebracht werden und dann hatte ich auch noch was zu tun und war auch ziemlich kaputt. Am Sonntag war erst F hier, der Geburtstag hatte, anschließend schnellte ich zum Berliner Hauptbahnhof, um mich mit C und A zu treffen. Zum Glück war ich nicht allzu früh da, denn wenn man sich an diesem Platz länger aufhält, bekommt man glaube ich epileptische Anfälle. In Potsdam sind wir Deinem Rat folgend ins Lapis Lazuli gegangen, wo es sehr angenehm war. Nur die Berliner Weiße, die C und A bestellt hatten, war wohl mit einigem zuviel an Sirup zubereitet, weshalb sich die beiden noch zwei Flaschen pur nachbestellten, um die Sache zu verdünnen. Dann Sandow im Nikolaisaal. Zunächst zeigte man dort alte Aufnahmen, aber nicht wie angekündigt den Film „Flüstern und Schreien Teil II", sondern einen Zusammenschnitt aus beiden Teilen, wo man nur die Szenen von Sandow und Feeling B herausgepickt hatte. Die Gesichter im Publikum kamen einem allesamt irgendwie bekannt vor, teilweise saßen dort ganze Familien, so dass die Veranstaltung den Charme eines Klassentreffens verströmte, wo nach zehn Jahren, in denen man sich nicht gesehen hatte, alte Dias gezeigt wurden. Zwischendurch ging der DVD-Player kaputt, anschließend erklärte der Regisseur, dass Rammstein tatsächlich ihre Aufnahmen in den Filmen gerichtlich sperren lassen haben und der Produzent trotzdem aus rausgeschnittenen Szenen noch einen dritten Teil gebastelt habe, für den er aber als ursprünglicher Regisseur die künstlerische Verantwortung entschieden ablehne. Auf dem Hof traf man während der Pause Herrn Unruh, der vom

Kauf der neuen Neubauten-Scheibe abriet, da Blixa nur noch in L.A. rumhängen und sich keine Mühe mehr beim Singen geben würde. Sandow führten dann ihre neue Scheibe vor, die ich mal als Weg zur neuen Selbstfindung beschreiben will, bei der noch nicht ganz klar ist, wie das Alte zum Neuen kommt und wo sich beides noch nicht so ganz verbunden hat, vielleicht so ähnlich wie bei Bowies „Earthling", auf die ja zunehmend geniale Alben folgten. Mal sehen, ob Sandow das auch hinkriegen. Sie spielten dann noch ein paar Klassiker, aber wie ich schon befürchtet hatte, wurde der Saal nicht gewechselt und es war sehr befremdlich, das im Sitzen erleben zu müssen. Wenn Du mal wieder in Berlin bist, sag doch mal vorher bescheid, meistens liegt nämlich bei mir nicht so viel an und einem Treffen steht nichts im Wege.
Bis dann

Hallo!
Alles klar in Campina? Hier ist der Frühherbst eingekehrt und die dazugehörige Erkältungswelle kündigt sich bereits an. Letzte Woche waren wir in der Therme Lübbenau, dort kann G sehr schön spielen: Es gibt Pumpen, Figuren die Wasser verspritzen, ein Außenbecken und besonders hat es ihm die große Tunnelrutsche angetan, auf der er aber nur auf meinem Schoß herunterfahren darf. Eigentlich darf er auch das laut Aushang erst ab sechs, aber es hat sich keiner beschwert. Wir haben das ausnahmsweise schöne Wetter an diesem Tag ausgenutzt, einen Spaziergang durch den Spreewald zu machen und dabei auch ein Picknick mit Waren eines kleinen Lübbenauer Bäckers, der noch selbst Hand anlegt und nicht nur die Industrieprodukte ins Regal legt, wie in Berlin üblich. Da schmeckt man auch wirklich einen Unterschied, obwohl man zugeben muss, dass auch viele Industrieprodukte inzwischen ganz passabel sind.
Ich habe meinen 34. hinter mich gebracht. G hat lange Zeit nicht akzeptiert, dass ich überhaupt Geburtstag haben würde. Er meinte: „Nee, Papa wird nicht mehr größer, der hat keinen Geburtstag." Zeit und Größe verschmelzen in seiner Vorstellung, für Dich als Physiker natürlich nicht akzeptabel. Als er dann „Marmelade im Schuh" für mich gesungen hatte und wir ihn für den Kindergarten fertig machten, überlegte er und meinte mit gekränkter Stimme: „Dann bin ich gar nicht bei, beim Geburtstag, ne?" Wir erklärten ihm natürlich, dass jetzt erst mal Arbeit angesagt sei. Ich glaube so richtig verständlich ist das nicht geworden, denn bei seiner Arbeit (Kindergarten) werden die Geburtstage schließlich auch ausführlich zelebriert. Zu DDR-Zeiten war das in den Betrieben auch noch so, da musste die Produktion halt warten, heute

kümmert sich da keiner mehr um Geburtstage. Jedenfalls kam am Abend C vorbei, er hat jetzt einen neuen Job als Pflegehelfer. Er arbeitet dreißig Stunden pro Woche und kommt dabei nicht über den Hartz-IV-Satz, so dass das Arbeitsamt weiter für ihn zahlt.
G ist jetzt unter die Zauberer gegangen. Letztens waren wir am Springbrunnen am Alex, bei dem sich Anzahl und Größe der Fontänen ständig ändern. Er rief die ganze Zeit lautstark „Hokus Pokus Fidibus, dreimal schwarzer Kater!" und wenn sich etwas veränderte, verbuchte er das Erfolg seiner Zauberkunst und freute sich überschwänglich. Ähnlich ist es zum Beispiel bei automatischen Türen. Harry Potter hat schon wieder einen zukünftigen Fan. Aber der ist bis dahin bestimmt schon wieder „out".
Viele Grüße

ola amigos
ich wollte mich gerade in die tasten werfen und die woechentlich mail an euch schicken, als eure eingetrudelt ist. jerst mal meine nachtraeglichen geburtstagswuensche, da muesste es eigentlich eine feijoada gegeben haben?? Tja, die verkruemmte raumzeit gibt es bei physikern tatsaechlich, und zwar dann, wenn man ein superschwerer neutronenstern ist, also liegt G nicht ganz daneben. das hat mich ja etwas geschockt mit cristian, dass der bei 30 std pro woche weniger als hartz 4 kriegt, davon kann doch kein mensch leben. gerade eben habe ich einen bericht ueber berliner flaschensammler als video gesehen, stellenweise ist d-land wirklich nicht mehr sehr weit von brasilianischen verhaeltnissen entfernt. nur wissen das die meisten deutschen noch nicht. das scheinen die wirklichen globaliserungseffekte zu sein. ja, der sommer scheint dieses jahr in d-land ausgefallen zu sein. hier ist endlich auch die regenzeit zu ende. ohne ende hats geregnet, gleichzeitig herrscht in weiten teilen im land eine supertrockenheit, das bringen die fast jeden abend in den nachrichten. das ist hier schon sehr ungleichmaessig verteilt, das wasser. ansonsten gibts eigentlich nichts neues. unser kleiner hansinho ist ein rechter sonnenschein, der lacht mit jedem, und ist ein ganz goldiges kerlchen.
na, das wars fuer heute
wuensche euch allen ein erholsames wochenende

Hallo!

Ja, das Gehalt ist erschreckend. Die Löhne im Gesundheitswesen und im sozialen Bereich befinden sich auf dem Sturzflug. Das bekommen wir leider auch seit ein paar Jahren zu spüren. C hat vorher bei einer Zeitarbeitsfirma gearbeitet, die ihn natürlich in Schichten andauernd woanders eingesetzt haben, ohne dass er wusste, wann und wo er am nächsten Tag arbeitet und ob er überhaupt noch arbeitet. Auch da ist er mit dreißig Stunden nicht über Hartz IV gekommen. Jetzt arbeitet auf einer Pflegestation, verdient wohl auch nicht viel mehr, hat aber wenigstens eine feste Arbeitsstelle und einen Dienstplan. Die Zeitarbeitsfirma hat ihn zeitweise alleine auf Pflegestationen eingesetzt, obwohl er nur einen vierwöchigen Helferkurs hat und eigentlich bestimmte Sachen gar nicht machen darf. Klar dass er die, wenn er dort alleine war, natürlich trotzdem machen musste. Die sogenannten Gesundheitsreformen haben nur die Mittel gekürzt und die Kontrolle über das Geld verschärft. Wie die Qualität dabei kontrolliert werden soll, darüber hat man sich offensichtlich wenig Gedanken gemacht. Da wundert es nicht, dass der Bereich verantwortungslose Geschäftemacher anlockt und dass gerade durch die Presse geht, wie schlecht Pflegeeinrichtungen bei unabhängigen Tests abgeschnitten haben. Ich bewundere C, dass er bei solchen Arbeitsbedingungen in einem an sich schon frustrierenden Job überhaupt durchhält. Wenn das die Alternative wäre, muss ich gestehen, würde ich wohl die berühmte „soziale Hängematte" vorziehen. Wenn man in so einem Job arbeitet und dann von der Politik erzählt bekommt, dass man damit rechnen soll, dass die Rente für diese Arbeit mal 40 Prozent des Verdienstes betragen wird und man doch bitte „privat vorsorgen" solle, da muss einem

doch der Kragen platzen, denn wenn man eine Rente bekommen wollte, von der man leben kann, müsste man bei so einem Gehalt wahrscheinlich mehr als hundert Prozent seines Verdienstes in die Versicherung einzahlen. Da wird das Ganze dann absurd.
Heute scheint das Wetter noch mal ganz annehmbar zu werden und wir werden wohl einen kleinen Ausflug machen. Das Berliner Umland ist immer wieder schön, besonders wenn man aus dieser schlecht gelaunten Stadt herauskommt.
Beste Grüße

Hallo!
Wir haben das schöne Wetter am Wochenende genutzt, um noch mal ein paar Tage an der Ostsee zu verbringen und sind gerade zurück. Kalendarisch war es das letzte Sommerwochenende, auch von den Temperaturen her wird es das wohl gewesen sein. Wir haben uns auf Rügen ein kleines Appartement mit Blick aufs Meer gemietet, das dank Nebensaison trotz dazugehörigem leckerem Frühstücksbüfett gar nicht teuer war. Allerdings trennte uns - wie auch in Brasilien meist der Fall - eine Straße vom Wasser. Die war aber glücklicherweise abends und nachts kaum befahren. Wir wohnten in der Nähe des Saßnitzer Hafens und G konnte von unserer Terrasse und etwas näher vom Terminal aus die großen Fähren bestaunen, in denen Autos und sogar Eisenbahnen Platz hatten. Am Sonnabend besichtigten wir den „Kaiserstuhl" und mussten dabei an den Ausflug mit Dir auf die Insel Moen denken, wo es sehr ähnlich aussah. Am Sonntag badeten wir in Prora, wo die grauen Wohnblocks der Kraft durch Freude ohne Fenster aussehen, als starrten sie mit toten Augen aufs Wasser. Warum die Nazis die dazugehörigen Bunker direkt auf den Strand bauen mussten, bleibt mir auch ein Rätsel, allerdings fanden wir hinter diesen etwas störenden Anlagen ein schönes Stück Sandstand, an dem G trotz des recht kühlen Wassers badete. Bei den Bunkern musste ich auch an Dänemark denken, allerdings nicht an Moen, sondern einen Kinderfilm, den ich seinerzeit sah, in dem die dänische „Olsenbande" an einem ebenso direkt am Strand gelegenen Bunker einen Koffer mit Nazigeld aushebt. Wir verpflegten uns auf einem Kutter im Saßnitzer Stadthafen. Wir dachten erst daran, uns direkt vom Schiff frischen Fisch zu holen, aber den gab es nicht. Man verkauft dort nur

bereits Zubereitetes, als Fischbrötchen zum Mitnehmen oder Fischplatte mit Bratkartoffeln zum auf dem Kutter essen. Alles sehr lecker.
Während hier die Heizungen anlaufen, werden bei Euch sicher bald die Klimaanlagen auf Hochtouren gebracht. Aber in Eurem Haus ist ja auch so angenehm luftig, wenn ich mich recht erinnere. In unserer Wohnung ist es dank dicker Altbauwände auch im Sommer kühl, was in diesem Sommer kein ausgesprochener Vorteil war, da es eigentlich gar keinen richtigen Sommer gab.
Beste Grüße

Hallo!
Die fröhliche Vorweihnachtszeit ist angebrochen. G lernt jetzt Zahlen mit dem Adventskalender. Es klappt schon gut, zumindest die einzelnen Ziffern kennt er schon, wenn es an die zweistelligen Zahlen geht, wird es noch Übungsbedarf geben. Einige Ziffern kannte er schon, namentlich diejenigen, die in der Telefonnummer meiner Eltern enthalten sind. Er telefoniert nämlich jeden Tag eine Stunde mit seiner Oma und eine Zeit lang musste ich ihm die Nummer immer ansagen und er hat sie dann eingetippt. Daran hat er aber irgendwann die Lust verloren und ich muss jetzt wieder wählen. Aber er hat nun wieder eine gute Übungsmöglichkeit, denn er hat drei Adventskalender, einen klassischen, einen Stoffkalender mit kleinen Taschen und einen, in dem jedem Tag ein kleines Buch zugeordnet ist, damit es mit den Süßigkeiten nicht allzu sehr Überhand nimmt. Aber er ist auch nicht so scharf auf Süßes, sondern wie sein Papa eher auf Deftiges aus. Wenn man nicht aufpasst, hat er den Finger in der Butterdose, als Kind hätte ich das nicht gekonnt, da wäre mir schlecht geworden. Auch wie er Wurst und Käse ohne Brot zu essen habe ich erst später gelernt, fatalerweise aber doch. Als wir letztens Abendbrot gegessen haben, meinte er, Brot brauche er nicht und schmierte sich die gute Butter einfach gleich auf die Wurst rauf. Es macht viel Spaß mit ihm, wir haben uns gerade eine Kamera gekauft, um das auch mal in bewegten Bildern festhalten zu können.
Er fährt jetzt jeden Tag mit dem Fahrrad zum Kindergarten, vor einem Jahr haben wir ihm ein Laufrad gekauft, damit hat er das Gleichgewichthalten so gut gelernt, dass er am Fahrrad gar keine Stützräder mehr brauchte und ich auch nicht kilome-

terweit hinter ihm her rennen musste, sondern der Übergang nahtlos fast autodidaktisch funktionierte. Das sind in dieser grauen Zeit so die einzigen Freuden, die man hat. Aber in zwei Wochen sehen wir auch die Sonne wieder. In Campina dürfte es langsam heiß werden. Kommst du Dich über Weihnachten in der Heimat abkühlen?
Beste Grüße

Hallo!
Dass es keine Cure-Karten mehr gibt, ist natürlich eine Sauerei. Die Bands sollten sich angewöhnen, zwei Konzerte pro Stadt einzuplanen und nur eins anzukündigen. Wenn das dann ausverkauft ist, sollte man das Zusatzkonzert umgehend bekannt geben und der Schwarzmarkt ist ausgetrocknet. Das hat bei Robbie Williams sehr gut funktioniert. Das Konzert war in der ersten Stunde nach Verkaufseröffnung ausverkauft und er hat ziemlich schnell einen neuen Termin bekannt gegeben, so dass man später auf dem Weg zum Olympiastadion haufenweise Spekulanten sehen konnte, die die 70-Euro-Karten für 10 Euro verschleudern wollten und sie trotzdem nicht loswurden. Drinnen konnte man dann beobachten, dass ganze Blöcke frei blieben, wahrscheinlich diejenigen, die als erste im Internet verkauft wurden. Bei so etwas blüht mir das Herz auf, auch wenn wir natürlich in der ersten Stunde zur Konzertkasse gelatscht waren und den vollen Preis bezahlt hatten. Das wäre schon schön gewesen, einen der verzweifelten Händler kurz vor Konzertbeginn auf 5 Euro runterzuhandeln. Wobei ich zugeben muss, dass mir das Handeln viel zu peinlich ist und ich lieber den vollen Preis bezahle, als mich dem hinzugeben. Deshalb besuche ich Trödelmärkte auch nur aus Besichtigungsgründen, denn wenn ich etwas kaufen würde, müsste ich dafür einen Preis bezahlen, der in Erwartung des Handel-Rituals viel zu hoch angesetzt ist und dann davonziehen, während der Händler mich in Gedanken als willkommenen Trottel feiert.
Gestern Nacht sind wir von Lanzarote zurückgekehrt, wo wir keine Abenteuer erlebt haben. Es war aber trotzdem und gerade deshalb sehr schön.
Die einzige Fehlentscheidung war die Auswahl der Fluglinie IBERIA. Sie hatten bereits bei der Bu-

chung des Fluges meine Kreditkarte (anders konnte man das nicht bezahlen) zweimal mit dem vollen Preis belastet, woraufhin ich im Sommerurlaub kein Geld mehr abheben konnte und unendliche Scherereien mit der Bank hatte. Während man bei den meisten Fluggesellschaften passgenau zwischen die Sitze gepresst wird, so dass die Beine in der Rückenlehne des Vordermannes stecken und man bei Luftlöchern nicht umhergeschleudert werden kann, hat die IBERIA es geschafft, die Abstände so zu verkürzen, dass ich ein Knie auf dem Gang heraushängen lassen und das andere Bein anwinkeln und zum Körper heranziehen musste, damit ich überhaupt in die Sitzreihe hineinpasste. Aber immerhin servieren sie auf Wunsch leckere Sandwiches für 8 Euro. Da ich Sandwiches ohnehin hasse (Was hat matschiger Salat auf einem trockenem Stück Brot zu suchen?) fiel es mir nicht schwer, dieses Angebot dankend abzulehnen. Ich weiß nicht, ob die Flüge bei denen normalerweise superbillig sind, über Weihnachten sind sie es ja alle nicht. Interessant auch, dass sie unsere Koffer wieder nicht zurück nach Berlin transportiert haben, aber das lag wohl nicht an der IBERIA, denn das ist ja immer so. Vielleicht ist D im internationalen Flughafenjargon ein Code für „Bitte stehen lassen!" Irgendwie muss es jedenfalls an uns liegen, denn das kann ja kein Zufall mehr sein.
Für Silvester hatte ich mir dieses Jahr eigentlich vorgenommen, nach cirka fünfzehn Jahren mal wieder Raketen und Knaller zu erwerben und G in das uralte Handwerk der Pyrotechnik einzuführen. Wie ich leider feststellen musste, ist die Terrorangst in Spanien offensichtlich aber so groß, dass man sogar damit rechnet, dass Al Kaida oder ETA sich aus Chinaböllern neue Bomben basteln. Deshalb bekommt man das pyrotechnische Handwerkszeug

dort nur noch in speziell in governamentalen Gebäuden eingerichteten Verkaufsstellen, wo man beim Kauf einen Ausweis und Meldebescheinigung vorlegen und die Kaufdaten registrieren lassen muss. Selbst der Sektkorken wollte nicht knallen und musste unter Kraftanstrengung mit einer zweizackigen Fleischgabel aus der Flasche extrahiert werden. Wahrscheinlich mussten die spanischen Sektproduzenten auf staatliche Anweisung hin den Flaschendruck reduzieren, um die missbräuchliche Verwendung von Sektflaschen als Waffen einzuschränken.
Sonst die übliche Ansichtskartenstory: Super Wetter, gut untergekommen, lecker Essen usw.
Bis bald, vielleicht beim Cure-Zusatzkonzert

Hallo!
Beim Googeln meines Namens ist mir nichts Terrorverdächtiges aufgefallen. Es gibt einen Namensvetter, der die Stuttgarter verarztet und meine Seminararbeiten, die ich mal für Amazon-Gutscheine verkauft habe. Nur eines fällt auf: Eine Sat1-Serie missbraucht meinen guten Namen für eine ihrer Figuren, die verdächtig ist, ein Psychopath zu sein, der sich im Internet an ahnungslose Teenies heranmacht. Aber daran kann es doch wohl nicht liegen. Oder vielleicht doch? Hat das Interpol-Analyseprogramm die Seite erfasst und meinen Namen zusammen mit dem Stichwort Psychopath in der Datenbank abgelegt? Ich werde Sat1 auf jeden Fall verklagen. Auf die bin ich ohnehin nicht gut zu sprechen und zwar aus dem einfachen Grund, dass sie existieren. Diese pure Existenz ermöglichte nämlich den furchtbaren Zustand, dass dieser schreckliche Fernsehsender das einzige deutschsprachige Programm in unserer Ferienwohnung auf Lanzarote war. Immer wenn man um die Weihnachtszeit den Fernseher einschaltete grinste einem dort Kai Pflaume entgegen. Schon das wäre Grund genug für eine Schmerzensgeldklage. Nach Weihnachten stellten sie dann auf ihre fürchterlichen Pathologie- und Ermittler-Serien um und man wusste nicht, ob man den Anblick der aufgequollenen oder vergammelten Leichen schlimmer oder angenehmer finden sollte als den des Hausmoderators oder einfach nur kotzen wollte.
C hatte gestern Geburtstag. Hat er sich seit dem Cure-Skandal mal bei Dir gemeldet? Ich habe noch nichts von ihm gehört.
Dann wünsche ich viel Spaß in bella Italia!
Beste Grüße

ola amigos
wollte mich fuer die lange sendepause entschuldigen. wir waren ziemlich viel unterwegs, und sind gerade von porto galinhas zurueck. genauer gesagt, ein ort nebendran, ganz nett und sehr ruhig, und sehr kraeftige brandung. das pantanal war ein echter abenteuerurlaub, 3 std. ueber sandpisten bis zur fazenda. alle moeglichen viecher beobachtet, inkl. eines ausgewachsenen ameisenbaers im abstand von 3 m, weil die viecher fast blind sind und der wind aus der richtigen richtung kam. alligatoren und capibaras gabs in rauhen mengen, aber erstere sind ja recht klein, kein vergleich mit krokodilen. na, montag fliegt mein filius wieder zurueck, und kommt bestimmt im naechsten jahr wieder und will dann nach fernando do noronha. reisen ist ganz schoen teuer geworden, die flugtikkets nicht mehr billiger als in europa, eher teurer. es regnet hier ziemlich haeufig, obwohl trockenzeit ist.
was gibts neues aus berlin. freut mich sehr, dass der dumme koch aus hessen eines auf die nase gekriegt hat
na das wars, seid gegruesst

Hallo!
Das Pantanal ist wirklich ein Abenteuerurlaub. Die Krokodile fand ich auch wenig erschreckend, dafür aber die Brückenkonstruktionen, da konnte man jedes Mal tief durchatmen, wenn man auf der anderen Seite angekommen war. Einen Ameisenbären haben wir nicht gesehen, aber Schlangen, Tukane, Papageien, Wasserbüffel, eine Art Otter, auch Rehe gab es da, eine Menge Termiten und abends leider haufenweise Moskitos. Piranhas haben wir in der Pousada in der Suppe gehabt, die ziemlich gewöhnungsbedürftig schmeckte. Jedenfalls sehr fettig, keine Ahnung, ob das von den niedlichen Raubfischchen kommt, oder ob sie da Öl reingießen. Die Flugtickets fand ich in Brasilien schon immer ziemlich teuer. Als ich das erste Mal da war, kosteten die Inlandsflüge meist über 600 Dollar. Ich hatte mir deshalb beim zweiten Mal so ein Rundflugticket geholt, das gab es nur zusammen mit dem Überseeflug und ich bin nach Brasilia, Belem, Manaus und Curitiba geflogen.
Dass es jetzt in Campina regnet ist ja ungewöhnlich. Hier ist es seit langem mal wieder trocken. G bemalt schon fleißig Ostereier, weil er im Laden schon gefärbte gesehen hat, die wir ihm aber nicht kaufen wollten, weil irgendwie noch keine Osterstimmung da ist. Wir werden die Feiertage diesmal in Schwerin verbringen, das ist ja ziemlich früh dieses Jahr, mal sehen ob das Wetter gut wird, deshalb haben wir die Stadt-Variante gewählt. Wenn es wirklich schon warm ist, gibt es da auch schöne Seen, an denen man spazieren gehen kann, ansonsten vertreiben wir uns in der Stadt die Zeit. Soweit der Plan.
Beste Grüße an alle

Hallo!
Glücklicherweise haben wir hier vom Karneval nichts mitbekommen. Im Fernsehen schalte ich schnell weiter, wenn dort die Männer in Schwanenseekostümen herumhüpfen und auf der Straße sieht man hier in Friedrichshain nichts von dem Zauber, außer ab und zu ein verkleidetes Kind. G hatte heute Faschingsfeier und war als Zauberer unterwegs. Die dazu nötigen Sprüche hat er schon drauf, nur die Tricks fehlen noch. Er hatte sich vorgenommen, seinen Kumpel Emil wegzuzaubern, aber das hat nicht geklappt und von da an war die Begeisterung für die Verkleidungsorgie wohl nicht mehr so groß.
Die Otter im Pantanal haben wir zuerst bei einer Bootstour gesehen, da hat sie der Touristenführer mit Fischen angefüttert. Danach ist uns aber auch auf einer unserer auf eigene Faust unternommenen Touren mit dem Auto auf der Transpantaneira noch eine Familie begegnet, die in einem Tümpel saß (Ariranha heißen sie, erinnere ich mich jetzt, nachdem V es mir gesagt hat). Das lohnt sich da wirklich mit einem Mietauto umherzukutschieren, wenn man lange genug unterwegs ist, sieht man die ganze Tierwelt auch ohne geführte Tour. Aber das geht wahrscheinlich jetzt nach der Regenzeit gar nicht und man braucht einen Geländewagen, oder wart ihr in einem normalen Gefährt unterwegs?
Beste Grüße

Hallo!
Ich also gestern mit meinem Papa bei Helge Schneider. Das Publikum ungefähr genauso gemischt wie wir, mit Tendenz zum Mitdreißiger, der zum bedingungslosen Lachen bereit war, was sich daran zeigte, dass in einer Aufzählung von Ländern, durch die Helge 1969 auf Rollschuhen nach Indien gereist war, auch die Stelle „Iran, der hieß da noch Persien" mit einem Lacher gewürdigt wurde. G wollte unbedingt mitkommen, nachdem ich ihm einige der Songs vorgetragen hatte. Das ließ sich aber nicht realisieren, obwohl er sicher begeistert gewesen wäre, auch ohne die Genialität der Show zu erahnen. Helge kam als Clown auf die Bühne, mit einer Gummiglatze, die er in tagelanger Handarbeit selbst gefertigt hatte. Alleine das Trocknen unter der Trockenhaube dauerte drei Stunden. Er zeigte den bekannten Vortrag-Musik-Mix, allerdings nur einen bekannten Song, den Telefonmann. Mein ewigwährendes Nachdenken über die Zeit fegte er mit einer kurzen Passage vom Tisch, die eigentlich alles sagt und meine Dissertation noch überflüssiger macht, als sie ohnehin schon ist: „Zeit ist vom Menschen geschaffen worden. Früher war das so:
,Wie geht's, was machst Du denn heute Abend?'
,Ich hab keine Zeit, ich kann mal vorbeikommen.'
Heute heißt es ,Ich hab keine Zeit. Punkt."' Anfangs kündigte er im Überblick über die kommende Show ein syrisches Lied an, dass er mit so starkem Akzent singen werde, dass es selbst die Syrer nicht verstünden. Das tat er aber nicht, sondern trug später einen französischen Chanson mit typischer tiefer Stimme und eine mexikanische Salsa vor, beides sehr ausdrucksvoll und mit Sicherheit für Muttersprachler unverständlich, dabei trotzdem

ohne Zweifel als Französisch und Spanisch identifizierbar, genial.
Da wären wir dann auch schon bei den Spectators. Ich schicke Dir die Videos zu Black Shadow und T10 für die Internet-Veröffentlichung. Da bin ich gespannt, ob das klappt. Für die anderen Songs können wir uns ja noch was neues überlegen, wenn die Internetgemeinde wieder nach neuem Stoff giert. Die Videos sind in der für die Spectators typischen Eine-Einstellung-Technik aufgenommen. Die Mitglieder der Band betrachteten diese Technik nicht als ein Dogma, da sie alles dogmatische zutiefst verabscheuen, sondern als eine Kunstform, die den aktuellen „Zeitgeist" konterkariert und einen Gegenpol zu der Entwicklung setzt, die zu immer schnelleren Schnitten und immer mehr Bildern in Video- und Filmkunst führt, die die Kinder hyperaktiv werden und die Erwachsenen vor Überforderung lethargisch vor sich hinsabbern lassen. Der völligen Überreizung wird das Konzept der systematischen visuellen Unterreizung entgegengesetzt, die dazu führt, dass das Material zunächst schokkierend wirkt, da es den medial veränderten Sehgewohnheiten diametral entgegensteht. Lässt sich der Betrachter aber längere Zeit auf die Videos der Spectators ein, so eröffnet sich ihm eine verlorengeglaubte Erlebenswelt, die die Musik in den Vordergrund treten lässt und ihre Wirkung auf ungeahnte Weise verstärkt.
Beste Grüße

Ola,

ja, da bin ich auch wieder. Also das mit dem Blitzen ist alles kein Zufall, in den Budgets der Ortschaften ist diese Gebuehr ja jaehrlich eingeplant, jedenfalls stands mal so im Spiegel. Also, das sind DDR-Methoden, die das ja auch immer so mit den Westberlinern gemacht hatten. Mal zwischendurch auf der Autobahn nach Helmstedt ne 60 km Zone von 200 m kreiert, und dann das Schild etwas abgedeckt, so dass es keiner erkennen konnte, und kassiert. Ich hab das auch paar mal erlebt wie ich von Daenemark nach Ka gefahren bin. Also, Beschiss hoch drei.

Ich hab gerade heute mal wieder Spaetzle gemacht. Ist einfach: ca. ein Pfund Mehl, einen Teeloeffel Salz, dann ca. 5 Eier reinhauen und das ganze mit Muskelkraft zu einem dicken Klumpen verruheren.

Kein Wasser

guten Appetit

Hallo!
Die DDR-Methoden erleben in letzter Zeit nicht nur beim Blitzen eine neue Konjunktur. Man könnte fast sagen, dass der schöne Westen, in den wir übernommen wurden, so langsam ver-ostet. Da ist neben der Abkassiererei an jeder Stelle auch die Arbeitspflicht dank Hartz-Gesetzen zu nennen. Die hat auch in der DDR schon nicht funktioniert: Wenn die „Asozialen" in die Betriebe geschleppt wurden haben sie eben dort die Produktion von innen sabotiert. Auch die von Herrn Schäuble propagierte und forcierte Überwachung des privaten Raumes erinnert irgendwie an die Arbeit eines großen DDR-Ministeriums. Da verwundert es nicht, dass die Gleichgültigkeit gegenüber der Politik genauso groß ist wie im Osten, nur dass die jetzige nicht mal Stoff für die schönen Witze hergibt, die zu DDR-Zeiten immer kursierten, so langweilig und blass sind die Gestalten, die sich da herumtreiben. Dass die Machthaber in Politik und Wirtschaft das Geld aus den Betrieben ziehen und in die eigene Tasche stecken, kannte man aus der DDR auch. In der Nachkriegs-Gründer-Generation im Westen war so was sicher der Ausnahmefall. Jetzt scheint es eher die Regel zu werden. Es sieht also so aus, als wenn der Osten zurückkommt, ohne dass wir eine neue Mauer brauchen.
Beste Grüße

Hallo!
Der Sonnenschein hat uns heute mal wieder an den Liepnitzsee getrieben und auf dem Weg nach Wandlitz haben wir eine kleine Rundfahrt über das Gelände Eurer ehemaligen Fachhochschule gemacht. Der IB beschäftigt dort inzwischen Jugendliche ohne Zukunft, aber immerhin steht die Lumumba-Eiche noch, unter der sich wenn ich mich richtig erinnere seinerzeit einer Euer Kollege nach dem Genuss von hochgerechnet zwei Flaschen Schnaps in wilder Mischung herumwälzte.
Die Gegend dort ist wirklich schön, außerdem ist man in dieser Richtung von uns aus relativ schnell aus Berlin raus, auch wenn die Ampeln auf dieser Strecke konsequent auf Rote Welle gestellt sind und in den Dörfern auf dem Weg jetzt Tempo dreißig eingeführt wird, obwohl man da nie jemanden auf der Straße sieht. Prompt haben sie da heute auch geblitzt, komischerweise sehe ich die auch immer bloß bei Sonnenschein, ich bin mir aber sicher, dass das Zufall ist, genauso wie meine Beobachtung, dass immer auf Strecken geblitzt wird, auf denen der Grund eines Tempolimits nicht erkennbar und auf denen erwartbar ist, dass viele Leute erwischt werden, ohne dass das einen verkehrspädagogischen Sinn hätte. Aber das wäre Stammtisch und sicherlich statistisch nicht belegbar. Ich wurde natürlich nicht angehalten, da ich mich konsequent an Geschwindigkeitsbegrenzungen halte. Außer dem einen Mal, als ich das 80-Schild am Kreuz Oranienburg in Richtung Nauen übersehen hatte. Eine schöne zweispurige Zufahrt, auf der es nur geradeaus geht, natürlich rein zufällig stand dort ein Blitzgerät. Ich bekam dann einen Brief von Eurem Brandenburger Polizeipräsidenten, auf dem ein Code vermerkt war, mit dem ich mich im Internet auf eine Seite einloggen könnte, auf der Fotos

von zu besichtigen waren und wo ich gleich ein Formular ausfüllen konnte. Ich kreuzte dort an, dass ich es nicht war, und wurde dann nicht weiter behelligt. Das ist wirklich moderner Service.
Wir würden Euch im Frühling, wenn man wieder auf der Straße sitzen kann, gerne mal wieder zum Brunch einladen. Wenn Ihr Lust habt, könnt Ihr Euch ja schon mal einen Tag ausgucken.
Beste Grüße

Hallo,
da will ich mich auch mal wieder melden. Ich habe seit gestern Semesterferien. Ich habe also bis gestern meine Hausarbeit geschrieben und kann jetzt anderthalb Wochen ausspannen. Dann geht es weiter im zweiten Semester. Ich muss sagen, dass ist zeitlich ziemlich anspruchsvoll, zumal ich nebenbei auch ganz gut auf Arbeit zu tun habe.
Das du an eine der Stätten unserer Jugend zurück gekehrt bist und auch noch bekannte Plätze wiedergefunden hast finde ich natürlich super. Andrew war auch schon mal da, ich noch nicht. Aber ein bißchen Sentimentalität kann ja nicht schaden.
Ich war neulich mit Andrew bei The Cure in Berlin. Glücklicherweise wurde das Konzert von der Arena (da gibt es den schlechtesten Sound den ich kenne) ins Velodrom (sehr guter Sound) verlegt. Ich muss sagen, der alte Mann hat es wirklich drauf. Respekt. Ich hätte ihm sowas gar nicht mehr zugetraut.
Wegen Brunch schaue ich mal in den Kalender und spreche mit M. Die ist gerade in Hannover zum Lehrgang. Dann melde ich mich am Wochenende.
Viel Grüße an V und G

Hallo!
Die Tante vom OKB war heute krank und natürlich hatte keiner abgesagt, weshalb ich da umsonst hingependelt bin. Irgendwie passiert mir das ungewöhnlich oft. Gut, als Familienhelfer ist es nicht ungewöhnlich vor verschlossenen Türen zu stehen, weil man da nervt, würde ich auch so machen. An der Uni scheint es auch normal zu sein, dass Veranstaltungen ohne Absage ausfallen und Termine einfach durch Abwesenheit erledigt werden. Aber irgendwie habe ich doch den Verdacht, dass es mich besonders oft trifft. Es könnte eine späte Vergeltung dafür sein, dass ich in meiner Jugendzeit die extreme Unpünktlichkeit und Unzuverlässigkeit als Kampfmittel gegen das Diktat der Zeit betrachtete und dementsprechend praktizierte. Das muss ich wohl mal künstlerisch aufarbeiten. Aber erstmal was anderes: Ich schicke Dir eine Idee für die Aktion „Die Spectators verschenken ihre DVD" mit, die ich gerne zeitgleich mit der Sendung im OKB anlaufen lassen würde. Natürlich sind die Mengenangaben dabei fiktiv und mehr als 50 Stück möchte ich auch nicht produzieren müssen. Außerdem wird Dir beim Lesen nicht entgehen, dass die Spectators nur in Primzahlen rechnen, was mich nicht daran gehindert hat, Dir die Pressung 0001 zu reservieren. Ich plane das mit bedruckten Aufklebern zu machen. Ich wäre gespannt, ob das wirklich jemand anfordert und wenn ja, wie schnell das wieder bei EBAY auftaucht. Was meinst Du, auch wegen der Vertonung?

Hallo!
Wir sind von Fuerteventura zurück, diesmal mit Koffern, sonst verlieren sie die ja immer. Aber das wäre diesmal auch wirklich suspekt gewesen, denn wir hatten einen Direktflug und damit gab es wenig Möglichkeiten, die Koffer unterwegs falsch umzuladen oder stehenzulassen.
Der Urlaub war sehr schön, auch wenn die Insel nicht viel zu bieten hat außer Sonne und Strand. Die Natur besteht aus einer durchgehend gelbbraunen Geröllhalde, während die anderen Inseln zwar auch oft steinig sind, aber Abstufungen vom ursprünglichen vulkanischen Schwarz über rot und braun hin zu gelb bieten und dabei auch unterschiedliche Formen annehmen, was auf Fuerteventura kaum der Fall ist. In der Nähe unseres Urlaubsortes gab es aber eine sehr schöne ausgedehnte Dünenlandschaft, deren Strand wir jeden Tag besuchten, bis es zu heiß wurde. Sonst fuhren wir meist ziellos umher ohne viel zu entdecken oder ließen es uns am Pool gutgehen. Abends mussten wir G zum Animationsprogramm unseres Hotels begleiten, wo pummelige Engländerinnen den Kindern was vortanzten und versuchten, die Kleinen zum Mitmachen zu überreden, was ihnen bei G nicht gelang. Da kommt er nach Papa, dem solche öffentlichen Auftritte auch nicht liegen.
Beste Grüße

Ola amigos,

schoen, dass Ihr einen interessanten Urlaub hattet. Kann man da eigentlich auch tauchen (schnorcheln) und angeln gehen? Was gibt's hier neues?? Mir ist letzten Freitag ein Hund ins Motorrad gelaufen, und als Resultat bin ich gestürzt. Gott sei Dank war ich nicht so schnell unterwegs, und hatte eine stabile Lederjacke an. War nichts sichtbares gebrochen, bloß eine paar größere Hautabschürfungen. Ich vermute allerdings einen Rippenbruch, weil ich stellenweise sehr schlecht Luft kriege. Na ja, das ganze dauerte 2 Sekunden, und ich erinnere mich nicht daran. Also, das ist schon ein echtes Problem mit den streunenden Hunden und auf den Strassen herumlaufenden Kühen und Pferden hier.

Prima, dass Du langsam zum Ende mit de Promotion kommst. Vielleicht solltest du die Ergebnisse auch publizieren, es macht sich doch wesentlich besser, wenn man ein paar Publikationen vorweisen kann.

In D-Land scheint der Frühling ausgebrochen zu sein, hier kommt die Regenzeit in Gange. Abgesehen von dem Unfall, sind alle entweder mit Durchfall oder Fieber beschäftigt. Es scheint eine Virusinfektion durch die Gegend zu streifen, fast jeder ist betroffen, aber ist nicht allzu heftig.

Na, das war's, schone Pfingsten noch

Hallo!
Ja man kann da auch schnorcheln oder wahrscheinlich besser richtig tauchen. Wir sind an einer Tauchschule vorbeigekommen wo die ganze Mannschaft in voller Montur im Swimmingpool eines ehemaligen Hotels trainierte. Von den Hotels sind einige pleite, manche werden offensichtlich gar nicht erst zuende gebaut und stehen als unfertige Ruinen in der Landschaft. Ich nehme an, das liegt daran, dass die Leute heutzutage lieber etwas aktiveren Urlaub machen und auf Fuerteventura ist da nicht viel los, es eignet sich eigentlich nur zum faul in der Sonne liegen. Für die eine Woche hat uns das aber gereicht.
Hier in Berlin ist inzwischen tatsächlich der Frühling ausgebrochen, man könnte schon von Sommer reden, wenn es nachts nicht noch recht frisch werden würde. Es ist schön, wenn man mit G nach dem Kindergarten noch ein bisschen auf den Spielplatz gehen kann. Hier in der Gegend gibt es viele Kinder und der „Traveplatz" ist voll. Seit dort Hundeverbot herrscht, an das sich nach einigen Einsätzen des Ordnungsamtes tatsächlich die meisten Hundebesitzer halten, kann man sich da auch auf den Rasen setzen, ohne im Anschluss seine Klamotten verbrennen zu müssen. Die Hundebesitzer rächen sich allerdings dadurch, dass sie ihre Fiffis in der umliegenden Gegend mitten auf den Gehweg oder möglichst genau vor die Türen scheißen lassen.
Die streunenden Hunde waren mir in Campina gar nicht so stark aufgefallen. Ich erinnere mich da eher an Salvador, wo sie in ganzen Rudeln durch die Straßen ziehen und an jeder Kneipe solange betteln, bis sie was zu fressen bekommen oder von einem mutigen Kellner verjagt werden.
Beste Grüße

Hallo!
In Berlin herrschen seit Tagen brasilianische Klimaverhältnisse. Wir haben es uns deshalb heute an einem luftigen Plätzchen am Wasser gemütlich gemacht, auf der Stralauer Halbinsel, der anderen Spreeseite vom Treptower Park. Dort gibt es eine Wiese, auf der das Grillen erlaubt ist und so ließen wir die Kohlen glühen, auf dass es noch ein bisschen heißer werde. Das war natürlich etwas für G. Feuer hat ja immer etwas Faszinierendes und hier in der Stadt sieht man es selten, wenn man nicht noch einen Kachelofen hat oder am ersten Mai in Kreuzberg spazieren geht. Wir waren umgeben von russischen, vietnamesischen und türkischen Hardcore-Grillern, bei denen es noch ordentlich qualmen darf und nicht wie bei studentischen Partys, wo immer gleich mehrere Leute einen Zehnerpack Alu-Grillschalen von ALDI anschleppen, damit auch gar kein Rauch ans Fleisch kommt. Keine Ahnung, warum man dann überhaupt grillen soll. So war es trotz Rauchschwaden sehr gemütlich. G schläft seit letzter Nacht ohne Windel, mal sehen wann diese Phase dann endgültig passé ist. Er überlegt jetzt, was er mal werden will, Busfahrer und Straßenbahnfahrer stehen hoch im Kurs. Auch wo er dann wohnt, spielt er in Gedanken durch und je nach Stimmung ist er dann einfach weg oder wohnt woanders und besucht uns ab und zu oder bleibt einfach weiter bei seiner Mama wohnen.
V war eine Woche im Krankenhaus und ich sozusagen alleinerziehend. Es hat aber alles gut geklappt. Sie haben mit einer Minikamera hineingeguckt. Die Biopsie ist nach mehr als einer Woche immer noch nicht da, aber ihre Ärztin meinte, das wäre ein gutes Zeichen, wenn sie was bedrohliches gefunden hätten, würden sie sich schneller melden.

Ola amigos,
na, jetzt will ich doch gleich antworten. Das sind ja gemischt gute Nachrichten von V, ich hoffe sehr, dass da nichts ernsthaftes ist. C hatte vor ca. 3 Jahren einen Verdacht auf Schilddrüsenkrebs, war dann aber gutartig. Aber man hat keine gute Zeit, bis das Ergebnis da ist. Wenn wir schon bei Krankheiten sind, erinnerst du dich noch an Didi Schuster?? Hat Prostatakrebs und jetzt Metastasen, Gehirntumor. Der Anfang vom Ende.
Jetzt aber Schluss mit Krankheiten. Unser Großer hier braucht immer noch des Nachts Windeln, wir warten schon sehnsüchtig auf ein Ende dieser Veranstaltung. Ich glaube, ich war mit 2, jedenfalls sagt das meine Mutter "sauber". Damals gab's so modernes Zeugs ja nicht, das zögert das nur alles hinaus.
Dann grillt mal weiter, hier hat die Regenzeit angefangen, und es kommen ganze Wasserfälle runter. hab ich schon erzählt, dass mir ein Hund ins Motorrad gelaufen ist, und mir einen ordentlichen Abflug beschert hat. Meine alten Knochen sind wieder einigermaßen funktionsfähig, hat ziemlich gedauert, zu regenerieren.
schoenen Sonntach noch

Hallo!
Das tut mir leid mit Didi, er ist ein echt sympathischer Kerl, das letzte Mal war er gerade in Deutschland, als wir in Brasilien waren. Ich glaube, da hat er sich schon behandeln lassen.
Ich war gestern mit G bei der großen Kindertagsfeier in der Wuhlheide. Er war begeistert und hat den ganzen Tag ohne Ermüdungserscheinungen ausgehalten. Der Sandmann war da, Kindereisenbahnen sind gefahren, es gab allerlei Spielmöglichkeiten und zum Abschluss ein Konzert. Die Band machte Rockmusik für Kinder und G tanzte ausdauernd vor der Bühne mit, während er sonst eigentlich immer der „Nur-Gucken-Nicht-Mitmachen-Typ" ist.
Freut mich, dass Du Dich von Deinem Unfall gut erholt hast. Ich habe mir letztens den Fuß mehrmals so doof umgeknickt, dass ich ein paar Wochen nicht richtig laufen konnte. Ich brauche also nicht mal ein Motorrad, um mich selbst zu verstümmeln.
V geht es was die OP-Folgen betrifft besser, allerdings hat ein grippaler Virus offensichtlich ihre angeschlagene Immunabwehr ausgenutzt und lässt sie schwächeln.
Beste Grüße

Hallo!
Ich hoffe, Ihr hattet eine schöne Zeit in der Schweiz und seid gut wieder in Rathenow gelandet. Gestern waren wir bei einer Halloween-Party im FEZ und G hat Dracula erst mal gleich erzählt, wann er Geburtstag hat und dass er in der Scharnweberstraße 51 wohnt, damit der ihm mal einen Brief schreiben kann. Erst einige Zeit später hat er dann gefragt, warum der eigentlich so komische spitze Zähne hat. Auch mit Hexe Babajaga hatte er nur wenig Berührungsängste und hat sie mit allem Möglichen zugequatscht und die schwarze Katze gestreichelt, die sie auf ihrer Schulter mit sich herumtrug. Wir haben das Programm bestimmt sechs Mal an zwei Tagen gesehen und nachdem G alles ausgiebig beobachtet hatte, hat er auch einige Spiele mitgemacht.
Ja, ein bisschen schade wäre es schon, wenn die Dissertation in der Schublade verschwindet, es steckt schon eine Menge Arbeit drin, auch von Tori. Aber ich bin froh, dass jetzt die ganze Unsicherheit erst mal weg ist und es beruflich auch weitergeht, wenn das nichts wird.
Am Wochenende haben wir den Weihnachtsbaum aufgebaut und G hat fleißig geholfen. Er hat den Schmuck angehängt, darunter auch ein paar kleine goldene Weihnachtsgeschenke, die nur Dekoration sind und mit Styropor gefüllt. Trotzdem hat G sie ganz hinten aufgehängt und mit einem Tuch zugedeckt, damit der Nikolaus sie nicht sieht und denkt, da es war schon jemand da und er braucht keine Geschenke mehr dazulassen.
Er öffnet jetzt wieder jeden Tag seinen Adventskalender. Er hat einen mit Schokolade, einen mit Büchern (der war glaube ich von Euch) und den Stoffschal mit den Taschen. Er hat schon entdeckt, das aus einer Tasche ein paar Mandarinen herausguk-

ken und gleich reklamiert, dass er die gar nicht so gerne isst und dass das außerdem kein Geschenk sei nach dem Motto: „Das kann man immer essen."
Am Wochenende waren wir wieder im FEZ. Es war eine Modellbahnausstellung mit etlichen großen Platten, aber letztlich doch immer das Gleiche, wenn die Züge hin- und herfahren. So sind wir zur Abwechslung noch innerhalb FEZ ins Kino gegangen, wo „Die kleine Eisenbahn" auf ihrem Weg in die Weite Welt lief, eine Hänschenklein-Geschichte mit einer Lok als Hauptfigur. Anschließend sahen wir auch noch im Puppentheater „Hänsel und Gretel". Am Sonntag ist er dann mit V ins Theater zu einer Rotkäppchen-Premiere gegangen. Am Montag hat die Mutter von Mathis ihn abgeholt und sie haben dort noch gespielt. Bald wollen sie mal gegenseitig beim anderen schlafen.
Heute haben wir V von der Arbeit abgeholt und waren anschließend wir auf dem Weihnachtsmarkt am Roten Rathaus. Er ist sehr schön, wenig Kitsch, viel Handwerk, gepflegtes Essen und wenig Rummel, nur ein paar schöne Karussells und ein Riesenrad. G wollte gleich ins erste Karussell einsteigen. Wir haben aber gesagt, dass er nur in einer Sache mitfahren darf und es sich erst mal überlegen soll. Er hat sich dann für das 50 Meter hohe Riesenrad entschieden. V dachte, er würde oben Angst bekommen und wollte es ihm deshalb wieder ausreden, aber er bestand auf seiner Entscheidung. Er guckte dann auch die ganze Zeit interessiert heraus und kommentierte den großen Weihnachtsbaum, Fernsehturm und sonstige Sehenswürdigkeiten.
Könnten wir Euch G am Wochenende 17./18. Januar vorbeibringen? Da würden wir gerne zusammen zum Stranglers-Konzert gehen.
Beste Grüße

Hallo!
Wir haben tatsächlich lange nichts voneinander gehört! Ich habe seit Dezember einen neuen Job als Sozialarbeiter. Bis jetzt lässt sich das gut an, vielleicht bleibe ich da mal etwas länger. Die Diss ist im Prinzip fertig, allerdings sieht mein Professor an der Humboldt-Uni das etwas anders. Er will noch umfangreiche Veränderungen, ich habe aber irgendwie keine Lust mehr. Er hat schon recht, ich habe irgendwie im Laufe des ewigen Schreibens den roten Faden verloren. Vielleicht reiche ich das Ding einfach bei meinem Vertrauensdozenten in Erfurt ein, der sieht das nämlich nicht so eng und meint, damit könnte ich an seiner berühmten Universität durchaus durchkommen.
Es ist hier wirklich seit langem mal wieder richtig kalt. Prompt versagt die S-Bahn-Technik ihren Dienst und ich fühlte mich heute wie in Tokio, als ich mich in den überfüllten Zug pressen musste, der im Berufsverkehr nach einer halben Stunde gemütlich angetuckert kam.
Heute hatten wir Hochzeitstag, neun Jahre sind wir nun schon verheiratet. V hat von mir einen Robbie-Williams-Kalender und eine Biografie bekommen, nachdem sie die, die ich ihr zu Weihnachten geschenkt hatte, in einer Woche ausgelesen hatte. Jetzt muss ich mir was neues einfallen lassen, denn sie besitzt sämtliche deutschsprachige Literatur über Herrn Williams, ihrem Lieblingssänger.
G ist am Sonnabend bei einem Kindergartenfreund zum Geburtstag eingeladen und wir haben mal einen ruhigen Nachmittag.
Sonst läuft alles wie gehabt.
Beste Grüße

Ja, schön dass du geschrieben hast, und parabens für den neuen Job. Aber auf jeden Fall sollst du die Doktorarbeit fertig stellen. Dann hast du wenigstens die Basis, mal später vielleicht an einer Fachhochschule den Professor zu spielen. Die Praxisjahre hast du ja mittlerweile auch erreicht.
Also was Neues gibt's; S war letzten Sonntag mit ihrem Mann bei uns. Halte dich fest, sie wiegt 95 kg, nicht nur wegen großen Hungers sondern auch wegen der Antidepressiva, die man ihr verabreicht. Sie hat Frührente beantragt. Wie das mit dem Mann so abläuft war nicht so genau zu erkennen. Scheint aber kein allzu schlechter Kerl zu sein, also reden tut er nicht viel. So was wie ein Pfarrer ohne Schäfchen.
So war es ganz nett mit Ihr, nicht so lustig wie früher, aber auch nicht so traurig. Sie scheint keinen guten Arzt zu haben, der sie mal genauer untersucht. Ich soll viele Grüße an Euch beiden ausrichten, sie hat gefragt, wie es euch geht. Es gibt dort bei den beiden kein Internet, sie hat das schon seit Jahren nicht mehr benutzt, und kommt mir wie eine alte Frau vor. Sie kann einem schon leid tun, ewiger Geldmangel, jetzt wohnen sie etwas besser in Alto Branco, aber wollen schon wieder ausziehen. Hier ist es derzeit tierisch heiß, ich denke oft an kalte Winter in d-Land
Das war's auch, Grüße mir die Heimat

Das kann man sich ja kaum vorstellen, dass S so zugelegt hat. Aber dass sie die Depression erwischt hat, ist wohl nicht so überraschend, denn obwohl sie immer einen fröhlichen Eindruck gemacht hat, merkte man doch immer mal wieder, dass sie damit auch ihre Probleme überspielt. Immerhin scheint sie ja jemanden gefunden zu haben, der bei ihr bleibt, wenn er ihr anscheinend auch nicht so richtig helfen kann. Ja, das mit dem neuen Job ging rasant schnell. In der letzten Novemberwoche hatte ich fünf Vorstellungsgespräche, aus irgendeinem Grund war ich so selbstsicher wie selten und habe glaube ich alle überzeugt. Einen Job habe ich gleich abgelehnt, weil die Bezahlung unanständig war, die anderen habe ich dann abgesagt, als ich noch in der gleichen Woche eine Zusage für den 1.12. bekommen habe. Ich hatte mich unter anderem beim Arbeitsamt (jetzt "Jobcenter") beworben. Auch da hatte ich dann abgesagt, aber sie haben es nicht registriert und mir heute auf den AB gesprochen, dass sie mich einstellen möchten. Da könnte ich noch ein paar Euro mehr verdienen, aber ich werde das wohl nicht machen, denn in dieser Mühle wird man sicher so **geschädigt**, dass man nie wieder etwas anderes machen kann. Wir träumen hier frierend von Campina, während du dich wahrscheinlich in den Winter wünschst, wenn die Sonne mittags brennt. Aber den Temperaturschock würde man wohl nur schwer überstehen, hier ist es wirklich eisig. Ich finde es allerdings besser als das ständige Matsch-Regenwetter. So bleibt der Schnee liegen und man watet nicht dauernd durch den Schlamm und die Sonne scheint und vertreibt ein wenig die depressive Novemberstimmung. Außerdem kann G endlich mal ausgiebig seinen Schlitten nutzen, der seit ein paar Jahren mehr oder weniger verstaubte. Beste Grüße

Da kann man nur gratulieren. Kommt ja nicht so häufig vor, dass einem die Jobs quasi nachgetragen werden.
Aber auf jeden Fall mache deine Doktorarbeit fertig. Man weiß nie, was die Zukunft noch bringt und für eine vielleicht künftige akademische Karriere (ist ja auch nicht so schlecht bezahlt) auf jeden Fall unverzichtbar.
Wie sieht's denn nach der Probezeit mit einer Brasilienreise aus. Jetzt kannst du ja etwas entspannter in die Zukunft sehen.
Wenn es im Moment auch sehr heiß ist, ist mir doch lieber als Kälte. Aber ist interessant den Wetterbericht zu lesen.
Ich weiß auch nicht mit S. Ich mag Sie schon sehr. Das scheint hier ein Kulturgut zu sein, einen Ehemann zu haben. Egal welcher beinahe. Viele Frauen, inkl. meine, fühlen sich alleine ziemlich hilflos. So ging's der S wohl auch. Das Selbstbewusstsein der jüngeren ist da nicht vorhanden. Mir war das immer peinlich. Jeden Besucher, den ich mal mitgebracht und vorgestellt habe, hat sie erst mal ins Motel zum Abficken geschleppt, in der Hoffnung, der Fisch bleibt im Netz, was ist natürlich nie eingetreten ist. Das war schon leicht krankhaft, und J hat sich geschickt aus dem Staub gemacht. Hat mir übrigens ne nette Mail geschickt.
Also, jetzt fahr ich nach hause.
Grüße noch mal

Ja, ich werde versuchen, das mit der Promotion doch noch irgendwie zuende zu bringen. Aber das muss dann irgendwie neben dem Job laufen. Im Dezember haben wir G für die Schule angemeldet, im September geht es schon los, kaum zu fassen. Jedenfalls hat das Jugendamt da jetzt einen Brief geschickt, in dem sie tausend Papiere für die Hortbetreuung anfordern. Unter anderem soll ich einen „Stundenplan" meines Studiums einreichen, damit sie feststellen können, wie lange wir denn nachmittags Betreuung für G brauchen. Sehr lustig, was die für eine Vorstellung davon haben müssen, wie so eine deutsche Universität funktioniert. Ich könnte ihnen ja jetzt einfach eine Bescheinigung meines neuen Jobs schicken, dass ich nachmittags arbeiten muss. Aber wenn ich solche Schreiben bekomme, erwacht in mir ein unergründlicher Ehrgeiz, der mich in diesem Fall dazu brachte, ihnen erst mal die zwanzigseitige Promotionsordnung rüberzufaxen. Ich bin sehr auf die Antwort gespannt, noch lieber wäre ich natürlich dabei, wenn sie versuchen, da irgendetwas herauszulesen.
Am Freitag haben wir beide frei und fahren bis Sonnabend in den Spreewald, mal sehen, ob man schon über die Kanäle wandern kann. Lange genug unter Null war es ja eigentlich.
Beste Grüße

Hallo!
Gs Geburtstag war sehr schön. Morgens kam er aus dem Bett, sah sich um und fragte: „Wo sind die Geschenke?". Mit seinem Fotoapparat kommt er schon ganz gut klar. Auch über Playmobil freut er sich immer, beobachtet interessiert den Aufbau, kann dann aber mit dem Aufgebauten meist nicht allzu viel anfangen.
Nachmittags habe ich ihn dann vom Karate abgeholt. Ich habe die Truppe eine Weile durch die Sporthallentür beobachtet und G schien viel Spaß zu haben. Anschließend bin ich mit ihm ins Kino zum Film „Oben" gegangen. Der ist wirklich schön und herzerweichend, auch für Erwachsene kein Opfer, sich das anzusehen. Das war letzte Woche schon etwas anders, als wir beide im Film „Mullewapp" waren, den ich mir sicher ohne G nicht bis zuende angesehen hätte.
G hat zwei Mädchen, zwei Jungs und seine alten Kumpels Mathis und Emil eingeladen. Wir gehen in das Hexen- und Zauberer-Programm des FEZ, das G im letzten Jahr so gut gefallen hat. Das wird bestimmt schön. Ich habe ihm gesagt, er soll dann Dracula mal fragen, warum er nicht geschrieben hat, schließlich hat er ihm ja extra seine Adresse angesagt.
Ich bin gespannt, ob es G dieses Jahr wieder so gut gefällt, dass er seinen Ferienlager-Gewinn tatsächlich in Anspruch nimmt. Vielleicht könnt ihr G am Montag mitnehmen und ich hole ihn am Mittwoch wieder ab? Dann könnte ich noch mal was an meinem Text bearbeiten. Müssen wir mal mit V absprechen.
Beste Grüße
G: Joanne will ich auch zum Geburtstag einladen.
S: Spielst du immer gerne mit der?
G: Ne, spiel ich nicht, aber Mathis liebt die.

G: Ich gehe jetzt zu Karate, Handball und Ballsport.
S: Zum Tanzen kannst du auch gehen.
G: Oh, da gehen immer nur die Mädchen hin.
S: Aber die Jungs können auch.
G: Können ja, aber das ist ein bisschen zu lustig.

G: Ich heirate mal Mama.
S: Das geht nicht. Y kannst du heiraten.
G: Y? Die ist ja so klein.
S: Oder N.
G: N? Na gut.

Hallo!
Die Weihnachtsfeier fand im "The Home" am Kurfürstendamm statt. Wie immer sehr edel.
Am Sonnabend waren wir in Lübbenau zum Schwimmen. Am Außenbecken gibt es jetzt ein Pinguingehege mit Becken, so dass man nur durch eine Scheibe getrennt mit den Kleinen schwimmen kann. Wir haben uns so weit das mit G ging im warmen Wasser treiben lassen, war sehr erholsam.
Am Sonntag waren wir erst im FEZ, aber da war es G langweilig, weil Weihnachtsbastelei angesagt war. Deshalb bin ich mit ihm noch zum Rummel am Alexanderplatz gefahren. Da gibt es fast nur irre Fahrgeschäfte, in die ich mich nie im Leben reinsetzen würde. Die Achterbahn sah ziemlich harmlos aus und G meinte gleich: "Auf diese Rennstrecke will ich rauf." Da es keine Loopings und nur eine relativ kurze Abfahrt gab, stimmte ich zu. Zwar gab es tatsächlich keine großen Höhenwechsel, aber dafür wendete unser Gefährt in unendlichen Schlangenlinien ständig um 180 Grad, wobei man das Gefühl hatte, man würde geradeaus über die Schienen hinausfahren und vornüber in die Tiefe fallen. G sagte eine Weile nichts mehr und meinte als wir draußen waren: "Das habe ich glaube ich schlecht ausgesucht."
Er fuhr dann noch zwei Runden Kettenkarussell, das war besser, zumal ich nicht mit einsteigen musste und mir nicht wie in der Achterbahn ständig die Schienbeine an der Wagenkarosserie aufschlagen konnte (schmerzt immer noch empfindlich bei Berührung).
Dann bis nächsten Donnerstag.
Beste Grüße

Hallo!
Dieses Wochenende war aufgrund der Hitzewelle ziemlich ereignislos. Wir haben Brasilien und Griechenland storniert, zum Glück haben wir eine Rücktrittsversicherung ohne Selbstbeteiligung abgeschlossen. Ich hoffe, die zahlen auch ohne auf überraschendes Kleingedrucktes zu verweisen. Gs Ferienlager haben wir schon gebucht, er wird wieder wie im Oktober ein paar Tage im FEZ verbringen. Am Sonntag geht's nach Middelhagen. V hat die Koffer schon gepackt.

G (grölt am Kassettenrekorder mit): Hey, wir wolln die Eisbären sehen! Oh he jo he jo!
S: Weißt du, wen die da meinen mit Eisbären?
G: Ja, so ne weißen. Knut ist da bei.

S: Na, was gab es heute zum Mittag?
G: Möhrensuppe mit Kartoffeln drin und Fleisch.
S: War das lecker?
G: Ja.
S: Hast du alles aufgegessen?
G: Ja. Ach ne, da war nur noch Maurice am Tisch. Da habe ich den Teller weggebracht, weil der Letzte muss immer den Tisch abwischen.

Hallo!

Am Wochenende besuchten wir eine sehr interessante Veranstaltung, die wir uns für das nächste Jahr vormerken müssen: Die Bier-Meile auf der Karl-Marx-Allee. Wir platzierten uns zunächst beim Böhmisch-Tschechischen Spezialisten, wo einst unser Hochzeitsessen zelebriert wurde und beobachteten das illustre Publikum im Vorbeiströmen. Der Strom der Menschen riss nicht ab, was wohl auch den Bauarbeiten an dieser Stelle geschuldet war, welche das Sitzplatzangebot an den Bierständen aus aller Herren Länder stark einschränkten. Die Besucherschaft zeigte sich sehr gemischt: Über die Marzahn-Hellersdorfer Jugend auf der Suche nach dem Besäufnis bis hin zum gepflegten älteren Ehepaar, das die Stalinallee noch mit den eigenen Händen erbaut hat, war alles dabei. Dann begaben auch wir uns in den Strom und besuchten die verschiedenen Bühnen, vor denen sich das Publikum dann nicht mehr so gemischt verteilte. Die älteren Semester sammelten sich eher in einem Biergarten, auf dessen Bühne ein Entertainer aufforderte "Die Hände zum Himmel und lasst uns glücklich sein". Zumindest beim Händeerheben machten die etwa hundert Zuschauer brav mit. Gesungen wurde von dem Alleinunterhalter zu einem Playbackband. Für die Karaokeversion hatte das Budget anscheinend nicht gereicht und so lief auch die Stimme des Originalinterpreten im Hintergrund mit (Ötzi?). Anders war das bei einem Künstler auf einer anderen Bühne, vor der sich derjenige Teil der Jugendlichen versammelt hatte, der nicht aus Hellersdorf zu stammen schien. Auch ein paar Mit-Vierziger ließen die Füße wippen, einer ruderte in Trance unter geschlossenen Augen verzückt mit den Armen, während auf der Bühne ein Ozzy-Osbourne-Double dessen „Dreamer" zum Besten gab. Er agierte

ebenfalls als Alleinunterhalter, besaß aber die Karaokeplatte und gab Gesang und Gitarre live zu hören. Erstaunlicherweise funktionierte das auch bei Frumpys „Gipsy", wo er sämtliche Soli selbst spielte, auf der Gitarre sehr gekonnt, am Keybord und den Drums sehr amüsant-dilettantisch. Insgesamt eine sehr sympathische Kontrastveranstaltung zum anstrengenden Karneval der Kulturen.
Beste Grüße

Hallo!
Gestern haben wir also unseren G wiedergeholt. Auf dem Lagergelände stand quer ein Polizeiauto, was bei allen Eltern erst mal die wildesten Phantasien auslöste. Es war aber nichts passiert, zumindest nicht den Kindern. Dem Polizeiauto schon: Sie hatten eine Rundfahrt gemacht und sich beim Wenden auf einem Baumstumpf festgefahren. Das wäre mir ja ein bisschen peinlich gewesen. Wenig später trafen noch zwei Polizeiwagen ein, deren Insassen den Schaden ausgiebig begutachteten. Schließlich beendete der Abschleppdienst den Vorfall. Wir frühstückten noch mit den Erziehern und den anderen Eltern. G wollte nicht ins FEZ, heute müssen wir aber noch einmal hin, wenn er das Telefonat mit seiner Oma beendet hat, das er in diesem Moment führt. Er muss noch seine „Wuhlis" ausgeben, die diesjährige FEZ-Währung, die sich die Kinder mit verschiedenen Aktivitäten verdienen und sich dann allerlei Kleinigkeiten dafür kaufen können.
G ist übrigens stolzer Sieger des Ferienlager-Maumau-Turniers.
Beste Grüße

Hallo!
Vielen Dank für die Geburtstagswünsche und Eure Finanzspritze. Die habe ich heute Morgen mit G ausgepackt. Von G habe ich noch 2 Euro als Geschenk dazubekommen. V hat mich mit neuen Hemden ausgestattet. Heute habe ich mal frei genommen. G hatte heute Morgen Bauchschmerzen, die verschwanden als wir seine Frage bejahten, ob die Schule jetzt schon angefangen habe. Heute Nachmittag wollen wir noch zum Inder essen gehen und dort ein wenig feiern.
Am Sonntag waren wir nochmal im FEZ und G hat mir alles gezeigt. Er hat im FEZ-Kinder-Supermarkt seine restlichen Wuhlis ausgegeben. Ich habe ihm Hefte mit Dinosauriern vorgeschlagen, aber er meinte „die liebe ich nicht so". Auch die anderen Sachen waren ihm nicht so recht und so dachte er an seine Mama und kaufte ihr 2 Fläschchen mit Duftöl und Blumen. Auch einen Stapel T-Shirts hatte Tchibo dem FEZ gespendet. Leider waren sie zu klein für G, aber er meinte: „Dann ist das eben für das Baby" und kaufte den gesamten Restbestand von sechs T-Shirts auf. Zu Hause präsentierte er die Sachen sehr stolz seiner Mama.
Ansonsten ist alles im grünen Bereich.
Beste Grüße
PS vom 25.8.: Gs Bauchschmerzen stellten sich als doch nicht simuliert heraus, denn er saß im Laufe des Tages noch fünf mal auf dem Klo und selbst das leckere Bathura (aufgeblasenes Fladenbrot) beim Inder schmeckte ihm nicht. Jetzt scheint aber alles raus zu sein, er war heute wieder in der Schule und hat zwar noch keinen rechten Appetit, musste aber auch nicht mehr aufs Klo.

Hallo!
Schön, dass G das Wochenende bei Euch verbringen kann. Er braucht glaube ich ein bisschen Abstand von seiner Familie, die ihn gerade weit mehr beansprucht als sonst. Als V im Krankenhaus war, habe ich ihn seine Sachen selbst aus der Kommode holen lassen, während Mama sie ihm immer griffbereit hinlegte. Er fand dann nur noch zwei Unterhosen und fing in typischer D-Manier an, sich Gedanken zu machen. Er kalkulierte, dass er also nur noch am Montag und Dienstag eine saubere Unterhose hätte und dann ohne gehen müsste. Dabei verglich er mit seinem Stundenplan und meinte: „Mittwoch Sport, Mist!" Es waren aber zu diesem Zeitpunkt bereits alle anderen Unterhosen gewaschen und ihm blieb das peinliche Umziehen zum Sport ohne Unterhose erspart. Als V sah, dass er seine Sachen alleine zusammenholte und ihn daraufhin lobte, dass er ein großer Junge geworden sei, meinte er: „Ja, aber wenn das Baby draußen ist, werde ich wieder klein." Ob das mal so klappt. Aber wenigstens bei Euch kann er ja so groß oder klein sein wie er will.
Heute kommt C vorbei. Wir werden gemütlich ein paar Bier trinken und nichts unternehmen. V ist total erkältet, ich hoffe der Blutdruck hält sich und sie muss nicht so bald wieder ins Krankenhaus.
Ist die DVD angekommen? Eure Karten aus Polen haben uns heute erreicht und damit ihren Adressaten G knapp verpasst. Ist er denn schon wieder normales Essen? Als ich letztens moniert habe, dass er nur Süßigkeiten isst, meinte er: „Ja mache ich auch, weil Salz kommt aus dem Meer und da ist Pipi mit drin und das ist eklig."
Beste Grüße

Hallo!
Ja, G hat eine Menge Fotos mit seiner Kamera geschossen. Am Ende sind auch Videos dabei, wo er euch auch abgefilmt hat.
Er unterschreibt jetzt gerade die Einladungskarten für seinen Geburtstag. Er wollte euch fragen, ob ihr am 30.10. mit den Kindern ins FEZ kommen könnt. Er hat nämlich schon 12 eingeladen und man weiß nicht, wie es V da geht und alleine möchte ich die nicht bändigen müssen.
Beste Grüße
Nach der Schule trifft G Sarah, die ihn umarmt und sagt, dass sie ihn toll findet.
G: „Lass das!"
P: „Findest du Sara nicht gut?"
G: „Ne, die ist doof, ich liebe Lisa."
P: „Sitzt du noch neben Lisa?"
G: „Ja, die weiß immer alles und dann frage ich die und dann lässt sie mich abschreiben."
P: „Willst du sie mal heiraten?"
G: „Ja, aber sie glaube nicht. Vielleicht in zehn Jahren oder so. Wenn ich dann hingehe, dann weiß sie nicht mehr, dass ich das bin und dann vielleicht."

P: „Dann müssen Oma oder Opa mitkommen, auf so viele Kinder können wir im FEZ bei deinem Geburtstag nicht aufpassen."
G: „Ja und Lisa kann auch auf welche aufpassen. Die ist ne gute Lehrerin."

Hallo!
Na, hat Vater sich schon etwas von der Erkältung erholt? Schön, dass Mutter am 30. mit ins FEZ kommen kann. G freut sich schon sehr darauf. Für den Erkälteten wird das wohl zu anstrengend. Vielleicht kann T noch mitkommen, denn G hat kräftig eingeladen und es wird nicht leicht werden, die Bande im Zaum zu halten. Aber mit der erfahrenen Erzieherin D werden wir das schon schaffen.
Gestern waren wir auch im FEZ. Es gab unter anderem eine Eisenbahn, die in der Sporthalle eine Runde fuhr, was G ausgiebig nutzte. Er fuhr sicher an die 70 Mal im Bahnhof "Lummerland" ein und aus. Auch die Außenstrecke durch den Park mussten wir befahren, obwohl es die ganze Zeit regnete.
Zuhause habe ich G ein Mühle-Spiel runtergeladen. Aber auch in der Anfänger-Stufe hat G noch keine Chance. Zugegebenermaßen verliere auch ich in dieser Stufe öfter als ich gewinne. Ich meinte deshalb zu ihm: "Der Computer spielt einfach zu gut für uns." Darauf G: "Dann musst du mal einen ganz alten Computer kaufen, dann spielt der nicht so gut."
Heute waren wir zu einer Experimentierausstellung zum Thema "Sonne" im Wedding. Man konnte mit Taschenlampen Solarzellen zur Stromproduktion anregen, die wiederum allerlei Bewegungen auslöste. Am besten hat ihm der Kicker gefallen, der die aufgebrachte Energie maß. G interessierte dabei aber weniger die Kalorien-Anzeige als das Kickern an sich. Außerdem gab es eine Dunkelkammer, ein Miniplanetarium und andere interessante Sachen.
Auf dem Rückweg waren wir noch am Brandenburger Tor ein Eisessen. Mann war es da voll. Die Sonne schien, und alle Touristen in der Stadt liefen auf dem Pariser Platz umher. Da auch gerade Ferien

sind, gab es zusätzlich zu den üblichen Schaulustigen aus aller Welt auch eine Menge Leute aus der deutschen Provinz und man konnte kaum treten.
Papa: „Warum hast du eigentlich Sarah zu deinem Geburtstag eingeladen, ich dachte die findest du doof."
G: „Ja, aber die bringt auch ein Geschenk mit."
Beste Grüße

Hallo!
Danke für die Mail. Hier ist alles in Ordnung. Wir haben eine Wohnung mit 4 Zimmern gefunden und ziehen im Dezember oder Januar in die Kubornstraße. Da kann G in seiner Schule bleiben, es wird hoffentlich etwas ruhiger und man ist aber trotzdem gut angebunden an das Stadtleben. Hier im Friedrichshain bezahlt man inzwischen utopische Mietpreise und bekommt die Großstadt rund um die Uhr zu spüren, auch wenn man es nicht will. Außerdem liegen die Hundehaufen im Meter-Abstand. Dafür einen Haufen Geld hinzulegen, passt irgendwie nicht mehr zusammen. Wir freuen uns jedenfalls drauf.
Am Sonntag gehen wir mit Matthis ins Kino, ich habe von der GEW vier Freikarten zur Vorpremiere von "Sammys Abenteuer" bekommen. G packt gerade mit V die Gastgeschenke für seine Geburtstagsgäste. Er ist schon sehr aufgeregt und freut sich auf den nächsten Sonntag, wo wir euch drei erwarten. Ihr kommt ja sicher mit dem Wochenend-Ticket, dann können zwei von der Bande noch bei Euch mitfahren. Ich habe in die Einladung geschrieben, dass sie falls vorhanden eine Monatskarte mitbringen sollen. Ich kann auf meine Karte am Wochenende auch einen Erwachsenen und zwei Kinder mitnehmen, da brauchen wir dann wahrscheinlich nicht mehr viele Tickets dazukaufen.
V bekommt morgen eine Karte für das Konzert von James Blunt in der O2-World. Mutter müsste sich deshalb den Abend des 19. März nächsten Jahres zum Babysitten freihalten. Das wird wohl das erste Mal werden, dass V sich für ein paar Stunden vom Baby trennt.
Bis bald

Hallo!
Nochmal vielen Dank für eure Unterstützung, ohne die es im FEZ diesmal nicht geklappt hätte. Beim letzten Mal war das günstiger, weil die Sporthalle offen war. Dadurch verteilte sich die Kinderschar deutlich, außerdem hatte man da einen besseren Überblick und nur einen Ausgang, so dass keiner verschwinden konnte. Aber auch von der Halle abgesehen war es diesmal glaube ich deutlich voller als im letzten Jahr. Halloween scheint sich schneller durchzusetzen als ich gedacht hätte. Am Sonntag war ich mit G zur Halloween-Party im Botanischen Garten. Auch dort war es unerwartet voll. Wenigstens war das Wetter noch super; so konnten wir auch durch das schöne Arboretum schlendern und mussten uns nicht nur in den überfüllten Räumen mit den Vampiren und Hexen umherdrängeln.
Abends hat es dann zum ersten Mal seit wir hier wohnen geklingelt und Kinder verlangten Süßes und drohten mit Sauerem. Prompt wollte G natürlich auch losziehen. Wir boten ihm an, in unserem Haus auf- und abzugehen. Als er verkleidet und geschminkt war, machte er fast einen Rückzieher: „Ich weiß gar nicht, ob ich mir das zutraue." Dann zog er aber doch durch Vorder- und Hinterhaus sowie den Seitenflügel und musste feststellen, dass die Hausbewohner schlecht vorbereitet waren. Die meisten entschuldigten sich, nichts Süßes zu haben, einer gab einen Apfel und ein anderer eine ganze Packung Butterkekse.
Spätestens am 10. geht es los. Ich habe mir schon freigenommen.
Die CDs von Ferienlager und Geburtstagsfeier müssten euch morgen erreichen.
Beste Grüße

Hallo!
Sind gerade von La Palma zurück und haben deine Nachricht erhalten. Das Wetter war leider nicht so doll wie erwartet, wahrscheinlich war es in Deutschland besser. Trotzdem war es nicht schlecht, mal aus unserer Schimmelwohnung rauszukommen.
Das ist echt belastend hier. Wir sind in eine 4-Zimmer-Wohnung gezogen, um uns zu vergrößern und wohnen nun zu viert in 2 Zimmern, weil wir die anderen beiden nicht benutzen können. Die Wände sind überall feucht, die eine Wand komplett schwarz. Und die GSW, eines der größten Berliner Wohnungsunternehmen, erzählt uns, wir hätten den Schaden selbst verursacht, indem wir nicht gelüftet und geheizt haben. Das haben wir nach deren Ansicht innerhalb von 6 Wochen geschafft, länger haben wir da nämlich noch gar nicht hier gewohnt. Dass wir ein Gutachten haben, das besagt, dass es ein Baumangel ist und die anderen Mieter uns unterschrieben haben, dass bei ihnen auch der Schimmel blüht, das interessiert die GSW nicht. Sie haben noch kein einziges Schreiben beantwortet, keine E-Mail, am Telefon sagen sie, sie machen einen Eintrag im Computer und melden sich nie wieder. Das ist ein richtiger Sauladen. Die haben kein Interesse, da auch nur irgendwas zu machen. Ich habe schon an die BILD geschrieben, auch die scheinen keine Antwort zu bekommen. Wir haben uns inzwischen entschieden, wieder auszuziehen. Das Angebot ist allerdings sehr begrenzt. Der Berliner Wohnungsmarkt ist katastrophal geworden, seit Wowi vor ein paar Jahren die Wohnraumbindung abgeschafft hat und Wohnungen auch als Büros und Ferienwohnungen genutzt werden können. Außerdem ist die Gegend hier "IN", wir wollen aber nicht so weit wegziehen, damit G

weiter in seine Schule kann. Wir werden wohl erstmal in einen Plattenbau an der Frankfurter Allee ziehen, die sind sehr kinderfreundlich geschnitten, aber nicht gerade ein Traum. Was solls. Wir müssen hier raus, sonst reiben wir uns hier auf.
Die Diss schleift schon wieder angesichts dieser Situation kriege ich den Kopf nicht frei, um mich da ranzusetzen. Besser wird der Text dadurch nicht. Immerhin habe ich aber nichts abgeschrieben. Angesichts der aktuellen Entwicklungen müsste das alleine ja schon reichen, damit das Ding durchkommt.
Viele Grüße

moin moin, das hoert sich ja grauslich an. Ich wuerde vorschlagen, sofort einen Anwalt einschalten, Mietkuerzung ankuendigen, rueckwirkend wenn es geht, dann habt Ihr seit dem Einzug permanent Kopfschmerzen wegen des Schimmels, Schmerzensgeld und einen Prozess anzetteln. Du wirst dich wundern, wie schnell die reagieren. Man muss keine Angst haben vor sowas und sich wehren. Klar, sich ne bessere Wohnung zu suchen ist notwendig, aber unabhaengig davon einen Prozess fuehren, das sollte sein. Und die Kosten fuer den Umzug und alles andere auch von der GSW. Ich haette da kein Problem, man muss allerdings einen scharfen Anwalt finden. Einer meiner besten Freunde ist Rechtsanwalt, dem machen solche Sachen Freude, allerdings hat der keine Zulassung in Berlin, aber der findet sicher einen geeigneten Kollegen dort. Also, Briefe von Rechtsanwaelten und Schadensersatzforderungen bewirken oft Wunder
Ich bin derzeit in D-Land, meine Mutter hatte einen Schlaganfall und ist im Krankenhaus. Wenn Ihr mal anrufen wollt: 0721 687348
viele Gruesse

Hallo!
Herzliche Grüße zum heutigen „Kampftag der Arbeiterklasse". Den mussten wir in meiner Kindheit mit der Schulklasse demonstrierend begehen, auch wenn er auf einen Sonntag fiel wie heute. Ich konnte mich dem durch die Mitgliedschaft im Rathenower Tennisverein entziehen. Statt mit peinlichen selbstgemalten Plakaten durfte ich dadurch mit dem Tennisschläger an der Funktionärstribüne vorbeimarschieren und konnte mich dann zum Tennisgelände absetzen, wo die halbproletarische Vereinsbelegschaft bereits mit dem Kampf-Trinken begonnen hatte.
Heute kämpfe ich gegen Hausverwaltungen mittels Mietkürzungen und Klage-Drohungen. Das macht genauso wenig Spaß. Die Miete hatten wir gleich im Februar gekürzt, wir haben jetzt eine neue Wohnung und kündigen die verschimmelte morgen fristlos. Wir haben und das vom Mieterverein gegenchecken lassen und die kommenden Schadenersatzforderungen gleich mit angekündigt.
Bist du noch in Deutschland? Wir haben schon ein paar mal versucht anzurufen, sind aber nicht durchgekommen.
Ich schicke dir einen TAZ-Artikel mit, der meinen Kampf mit der Treberhilfe-Vergangenheit schildert.
Beste Grüße
Im Fernsehen läuft ein Programm zum Todestag von Michael Jackson.
G: „Michael Jackson war schon ganzschön alt, der war berühmt, jetzt ist er tot.. So wie bei Knut. Obwohl der ein Eisbär war, war der auch berühmt."
G: „Du hast mir versprochen, dass ich jeden Tag um 7 ‚Wickie' gucken kann."
Papa: „Kann mich nicht erinnern, hast du das schriftlich?"

G: „Ja, in meinem Gehirn. Da habe ich eine Schublade. Wenn du es lesen willst, kannste dich mal klein machen und durch die Nase reinklettern."

Papa: „G komm mal her, hier kannste Fuerteventura sehen, wo wir nächste Woche hinfahren."
G (guckt in den Fernseher): „Was das ist Fuerteventura, wo der kleine Junge ist?"
Der kleine Junge heißt G und im Fernsehen läuft unser Urlaubsvideo.

G und Mathis haben gerade im Internet das Video von Otto Waalkes „Lied der Schlümpfe" gesehen und laufen auf dem Weg ins Kino durch Treppenhaus und singen dabei „Wie vermehrt ihr euch, sagt schnell! – Wir sind homosexuell!"
G erklärt Mathis: „Homosexuell ist, wenn man sich in der Mitte durchteilt, wie eine Bakterie."

Hallo!
G hat ziemliche Probleme in der Schule, sie machen da Unterricht wie vor 50 Jahren und haben noch nicht gemerkt, dass sich die Welt ringsherum etwas verändert hat. Wir werden ihn wohl auf eine Privatschule bringen, die brasilianischen Verhältnisse ziehen ein.
Die Diss ist auf dem Weg, der Betreuer spricht gerade mit wahrscheinlichen Zweit- und Drittgutachter, sollte alles demnächst über die Bühne gehen.
Die GSW verklagt uns wegen der Mietminderung, die wir wegen des Schimmels gemacht hatten und die sie nicht akzeptieren, weil wir ja selbst Schuld an dem Schaden seien, wir sind ja zu doof zum Lüften. Wir haben letzte Woche vor Gericht Recht bekommen, aber der schnöselige Anwalt von und zu Schleimbeutel der GSW hat gleich angekündigt, dass "seine Mandantin das so nicht hinnehmen" werde. Die Richterin hat ihn daraufhin auf die Schippe genommen und meinte: „Das kriegen Sie schon hin, wenn da nochmal ein Gutachter in die Wohnung gehen muss, kriegen die neuen Mieter nur mit, dass es da ein Problem gibt, das wird die GSW doch nicht wollen."
Aber so wie wir das kennen gelernt haben, werden sie es bis zum letzten versuchen. Ich sehe mich schon die nächsten Jahre in allen Instanzen der deutschen Gerichtsbarkeit verbringen.
Bei Maserati-Harry kam nun heraus, dass er - wie eigentlich jeder der die Sache kannte schon wusste - bis zum Schluss bei der Treberhilfe angestellt war. Nachdem der Insolvenzverwalter einen ahnungslosen Nonnen-Verein gefunden hatte,, der den Laden übernahm, versucht der Herr Ehlert sich nun dort als Mitarbeiter einzuklagen. Absurder gehts nimmer. D

"Ich bin drin" skandierte G letzte Woche wie einst Boris Becker bei der Internet-Werbung. Bei ihm war es aber nicht zweideutig gemeint und bezog sich auf seine Aufnahme in der Freien Schule, die ihm am Donnerstag zugesagt wurde. Sonntag haben wir die Verträge unterschrieben, wir hoffen sehr dass sich jetzt alles zum Guten wendet. Die Schulleiterin der alten Schule Thiele-Horst noch einmal versucht , uns beim Jugendamt zu denunzieren, obwohl G schon drei Wochen nicht mehr da ist. Die kommt anscheinend nicht damit klar, dass es auch etwas anderes als ihre Vorkriegs-Schule gibt. Ich habe eine Dienstaufsichtsbeschwerde geschrieben. Vielleicht müsstet ihr auch noch mal eine Stellungnahme schreiben, wenn die da keine Ruhe geben. Falls ja schreibe ich euch da vielleicht was vor. Aber ich hoffe eigentlich, dass sie jetzt den Schwanz einkneifen. Ich habe letztes Mal, als Mutter hier war, schon deutliche Worte mit dem Leiter des Vereins der Sozialen Gruppe gesprochen, den Thiele-Horst auch für ihre Zwecke einspannen wollte. Am Telefon hat er noch große Worte gespuckt, kurz danach hat er seine Leute zurückgezogen. Die GSW hat auch einen Rückzieher gemacht, uns weiter die Kosten ihrer Schimmelwohnung aufdrücken zu wollen. Es sieht so aus, als wenn die Kämpfe gewonnen werden können, aber sie kosten viel Kraft und irgendwann muss mal Frieden einziehen. Soweit das Wort zum Montag.
Beste Grüße

Hallo,
hab vielen Dank für die Glückwünsche zum Muttertag, Mutter hat sich sehr darüber gefreut. Auch das Senden des Elternbriefes löste bei uns große Freude aus (P ist ja wirklich ein ganz süßer Fratz!). Aber wir freuen uns schon auch ganz doll, dass ich euren Großen am Mittwoch um 14 Uhr von der Schule abholen kann. Ich habe mir jetzt einmal sämtliche Mails von dir ausgedruckt und mich immer wieder über die Bolzen, die G rausgehauen hat, gefreut. Ich glaube, unsere Mail-Häufigkeit und Länge ist verbesserungswürdig. Darum heute ein ausgiebigeres. Wir hoffen, dass es dir wieder besser geht, und auch Ps Augen. Mutter plagt sich noch ganz schön mit dem Ischias herum, aber es ist schon besser geworden, am vorigen Montag musste ich ihr sogar die Strümpfe anziehen. Dieses Wochenende war B bei uns anlässlich eines Klassentreffens im Schwedendamm. Er ist schon ein kleiner Spinner und beschäftigt sich jetzt mit dem Koran, der Bibel und Bloch. Trotzdem könnten wir ihn doch mal im Yorkschlösschen zum Sonntags- Jazz-Nachmittag mit G besuchen.
Auch schuldest mir noch eine Antwort auf die Anfrage ob des Konzerts am 13.7. 19.30 Uhr auf dem Rathaushof in Köpenick mit Marianne Faithful.
T ist jetzt jeden Tag mit Nordic Walking und Tennis beschäftigt und hat sein erstes Punktspiel gewonnen.
Von mir gibt es nicht viel Neues zu berichten. Gestern war ich mit T auf dem Fußballplatz und wir haben den Aufstieg in die Regionalliga (vierthöchste Spiel-klasse) gefeiert.
Seid alle recht herzlich gegrüßt

Hallo!
Sind gut wieder zurückgekommen, wir hatten eine schöne Woche in Lübbenau mit tollem Wetter, für Mitte Oktober phänomenal. P ist leider ein bisschen erkältet und konnte nicht mit in die Schwimmhalle zu den Pinguinen, ist aber dafür Bata Bata mit V gegangen. Gemeinsam waren wir dann auf der Slawenburg Raddusch, im Streichelzoo und an den Kanälen und Kahnhäfen der Region.
Jetzt guckt P im Fernsehen schon wieder mit Begeisterung sich selbst auf DVD. G wartet vor dem Radio mit dem Telefon, bis ein Gewinn-Song gespielt wird, wo dann der erste Anrufer 100 Euro kriegt.
Viele Grüße
G: Wenn Mama fragt, sagst du immer, du willst nichts, dann stellt sie trotzdem einen Teller hin und dann isst du es doch.
Papa: Ja, sie will mich dick machen, damit die anderen Frauen mir nicht hinterhergucken.
G: Du würdest dir sowieso keine andere Frau nehmen oder?
Papa. Ne, eine bessere findet man nicht.
G: Nicht viel besser, außer die ist reich, dann hast du auch das Geld.

G: "Maaamaaa, P wäscht sich seine Füße mit Apfelschorle!!"

Hallo!
C scheint arbeitsmäßig ziemlich eingespannt zu sein, es ist mir aber durch mehrere E-Mail-Anfragen gelungen, ihm einen Besuchstermin für uns am morgigen Sonnabend abzuringen. Außerdem habe ich ihn dabei mit der geplanten Verköstigung einer Flasche feinsten Zuckerrohr-Destillats geködert.
Ich bin diesmal nicht so gut über den Winter gekommen und habe jeden Virus-Rotz mitgenommen, der umherging. Das hat ganz schön geschlaucht und ich hoffe auf den Sommer. Allerdings sind wir gerade von einem Brasilien-Besuch zurück, der bezüglich Rotz und Hust deutliche Besserung gebracht hat. Passend zum Thema habe ich auch von dort aus den Teil III der Spectators-Story hochgeladen, was deutlich schneller ging als aus dem hiesigen Netz der Telekom, wo es als normale MP4-Datei gar nicht möglich ist, wenn man den PC nachts ausschalten muss. Die letzten Folgen hatte ich deshalb an der Uni ins Netz transferiert.
Heute hat P Bauchschmerzen und ich bin mit ihm zu Hause, deshalb mal wieder eine längere Mail, sonst schaffe ich es meist auch nur noch, mir ähnlich wie C ein bis zwei Sätze abzuringen.
Viele Grüße

Hallo!
Vielen Dank für die Geschenke und das Brot. Ps Kontoverbindung habe ich kopiert. Wir hätten T fast nicht hereingelassen, weil wir vergessen hatten, die Klingel anzustellen. Sie ist standardmäßig abgeschaltet, weil sonst laufend Werbeverteiler und Zusteller klingeln. Zum Glück gibt es Handys. Ich habe mir im Sommer auch mein erstes privates Mobiltelefon zugelegt (Gs abgelegtes), nur für Schule und Kita, weil ich das Arbeitshandy nicht mehr anmachen wollte.
Vorgestern war ich mit P wieder im "Robotermuseum" und weil es ihm so gut gefallen hat, mussten wir gestern gleich noch einmal hingehen und haben dort wieder den ganzen Tag verbracht.
Viele Grüße
P bei der U8
Schwester: Was macht man, wenn man müde ist?
P: Gähnen.
S: Und wo geht man dann hin?
P: Ins Schlafzimmer.
S: Und was steht da?
P: Ein Bett.
S: Und was macht man im Bett?
P: Schnarchen.

Aus unserem Verlagsprogramm

Herzschlag

von Estevão Ribeiro do Espinho

Taschenbuch
EUR 9,99

Das Herz schlägt, bis ein Herzschlag es zerreißt und die Dunkelheit beginnt. Es war nur eine Frage der Zeit.
Oder hatte die Düsternis schon mit dieser Gewissheit sein Leben eingenommen? Reisen in die Vergangenheit sollen Fragen beantworten, verdunkeln das Sein aber nur noch mehr.

Aus unserem Verlagsprogramm

Spectators Story
───────────────────

Suicide Letters

Geschichte, Geschichten und Gedichte sowie Briefe
1998 bis 1999 der Spectators of Suicide

in sechs Bänden

herausgegeben von Estevão Ribeiro do Espinho

im Taschenbuch-Format
je EUR 9,99

Die Band "Spectators of Suicide" entstand Mitte der 80er Jahre aus Mitgliedern der Gruppen "Marx-Lovers" und "Null?Nie!Wo?". Das vorliegende Werk ist nicht nur Zeugnis der Geschichte dieser Ausnahme-Band, sondern auch der Gedanken einer in der DDR erzogenen Generation zu Macht, Politik und den Umwälzungen in der Welt der digitalen Medien zur Zeit der Jahrtausendwende.

Aus unserem Verlagsprogramm

Spectators Of Suicide
_____

Briefe

2000 bis 2001

herausgegeben von Estevão Ribeiro do Espinho

Taschenbuch
EUR 9,99

Entstanden als Punk-Gruppe in der DDR schufen die "Spectators Of Suicide" einzigartige Collagen aus Sound und Wort: Die "Bastard-Death-Art". Dieses Buch präsentiert den zuvor völlig unveröffentlichten Briefwechsel zwischen den Musikern der Band aus den Jahren 2000 und 2001.